职场8堂必修课

ZHICHANG BATANG BIXIUKE

郝银 著

河南大学出版社
HENAN UNIVERSITY PRESS

·郑州·

图书在版编目(CIP)数据

职场8堂必修课 / 郝银著. -- 郑州：河南大学出版社，2022.3
ISBN 978-7-5649-5071-2

Ⅰ.①职… Ⅱ.①郝… Ⅲ.①成功心理－通俗读物 Ⅳ.①B848.4－49

中国版本图书馆 CIP 数据核字（2022）第 048919 号

责任编辑　薛建立
责任校对　柴桂玲
封面设计　马　龙

出版发行　河南大学出版社
　　　　　地址：郑州市郑东新区商务外环中华大厦 2401 号
　　　　　邮编：450046
　　　　　电话：0371-86059750（高等教育与职业教育分公司）
　　　　　　　　0371-86059701（营销部）
　　　　　网址：hupress.henu.edu.cn
排　　版　河南大学出版社设计排版部
印　　刷　河南文华印务有限公司
版　　次　2022 年 3 月第 1 版
印　　次　2022 年 3 月第 1 次印刷
开　　本　787mm×1092mm　1/16
印　　张　21
字　　数　253 千字
定　　价　68.00 元

(本书如有印装质量问题，请与河南大学出版社营销部联系调换)

序

我和阿银认识已经二十多年了,一直被她的热情爽朗、勤奋思考、笔耕不辍而感染。

她是我在河南大学中文系的学妹,比我低两届。那时的河南大学中文系号称亚洲第一大系,可谓名师荟萃,名震天下。在学校的时候,她就表现得十分优秀,爱读书,勤思考,活泼,开朗,所到之处,一片欢声笑语。

她走出校门,先是在高校当了几年大学老师,1991年通过公开考录,进入到省人事厅。

由于热爱文学,她先是在厅里的《行政人事管理》(后更名为《人才资源开发》)杂志社工作了十年,从一名编辑做到副总编。为了更多地参与到改革洪流中,她积极要求转岗到机关处室工作,从事政策法规、事业单位改革、外国专家引进等工作。

虽然业务岗位不断变化,但她对文学的热爱却没有减少。工作之余,她怀着对生活的无限激情,以敏锐的目光观察社会,观察职场与生活点滴,将所思所悟行诸笔端。

这些年,她先后发表了100多万字的各类文章,创作和编写书籍十余部,并加入了河南省作协。其中,专著《交际与口才》获得了中国文章学研究会学术论著二等奖,专著《竞争上岗成功52法》由中国人事出版社出版,《公务员面试之道》由河南大学出版社出版。

她结合工作中获得的知识和经验,围绕口才、面试、竞争上岗等专题,面向社会为有需求的群体授课,曾任全国公务员及省公务员师资库、省军转培训特聘教师和公务员面试考官。

近几年,闲暇时光,她投入到散文创作当中。由于有丰富的阅历,善于观察,勤于思考,心态平和,文字凝练淡然,她成为《花开心灵驿站》《河南思客》等多媒体平台的签约作者,很多文章得到业内人士和年轻人的喜爱。

这次收录的80多篇文章,是她关于人生、奋斗、自我、职场、口才、交往、家庭、文化等方面的思考与感悟。针对当代人的一些困惑,用通俗易懂且活泼的语言、众多的故事案例,弘扬社会主义核心价值观和传递正能量,引导全社会形成正确的、乐观向上的价值取向。想必这对于追逐梦想的每一位奋斗者都会大有裨益。

很多文章有专业人员朗诵,声情并茂,通过扫码,便于学习听读,你会感到心慢慢地安静下来。

生活不仅是柴米油盐,生活也不仅是职场拼搏,还有更多的美与思考,还有更多的追求与热爱。

生活不止眼前的苟且,还有诗和远方。愿你能从这些散发着生活阅历、散发着人生思考的文字当中,有所启迪,高扬理想的风帆,驶向美好的彼岸!

张鲜明(河南省作协副主席)

2022年3月15日

目 录

人 生 篇

- 003　人生,最重要的四样珍宝
- 006　人生七场戏,演好你自己
- 010　人生最好的状态:有事干,有人爱,有期待
- 014　人生最好的心态:不怨,不比,不坠
- 017　人生十二运:三生四遇五努力
- 021　让你受用一生的四个字
- 024　选择,决定不一样的人生
- 028　人生的三个境界:淡然,释然,自然
- 031　人生四季,皆是风景
- 034　人生有四悔,避开这些坑
- 038　人生很贵,人间值得
- 042　花开花落,人生如此

奋 斗 篇

- 049　为梦冲锋的样子,最美

052　风雨人生路,多备几把伞

055　越努力,才越幸运

058　在奋斗中,学会长长的等待

060　成大事的人,都奉行的一个字

064　在每一个奋斗的日子里,竭尽全力

067　人生低谷,熬过去就是艳阳天

070　你的成长,需要一点"钝感力"

073　看脸时代,平凡的我们照样光芒万丈

077　守住底线

自　我　篇

083　改变自己

087　管好自己

091　投资自己

094　经营自己

097　欣赏自己

101　活出自己

104　突破自己

108　放过自己

112　治愈自己

职　场　篇

119　大学生就业难,帮你支几招

124　"考碗"一族,你准备好了吗

128　成功总是垂青有准备的人

132	高分申论大作文要体现"八好"
137	面试"滑铁卢"的六大原因
140	职场新人玉律："六不"、"六要"
144	新职场,从一张干净的办公桌开始
147	小事"靠谱",才能干成大事
150	自律,成就不一样的人生
154	优秀的人都做到了七个自律
159	赛场选"马",竞争上岗
162	有机会,就勇敢参加

口才篇

169	想当好领导,就得学会演讲
174	诗人是天生的,演讲家是后天练的
177	打动人心的六种说话技巧
182	八种别具一格的开场白
187	好演讲要有精彩的"一、二、三"
192	令人难忘的精彩结尾
196	动听的声音最能"俘虏"人
199	演讲时的"五要"、"三不要"
202	"包装"自己,给成功加分
207	体态语,无声胜有声

交往篇

213	人生必须要结交的六种朋友
215	正能量朋友,你生命中的贵人

218　和正能量的人相处,与优秀的人同行

222　人和人相交:始于好感,合于三观

226　尊重别人,优秀自己

229　余生,请靠近这六种人

232　人到中年,别在朋友圈显摆这些

236　愿我们彼此温柔相待

240　有话好好说

243　女人的女朋友

家 庭 篇

249　幸福人生的密码

252　你想要什么样的幸福

255　家是什么,家不是什么

257　婚姻的八种味道

262　优秀男人的十大特点,你占几条

264　优秀女人的十大特点,你占几条

267　幸福婚姻修行的十个法则

269　"倾城之恋"的爱情毒酒

273　《我的前半生》给女性的十点启示

279　有来有往,爱才长久

281　放慢脚步,珍爱人生

285　当你不快乐时,多做这五件事

节 日 篇

291　女人,世界有你才美丽

293　有一种思念,叫清明

296　五四,我们永远年轻

299　端午节,祝您幸福安康

301　妈妈,让我给您唱支歌

303　父亲节的思念

306　唱支赞歌给党听

310　老师,今生最美的遇见

313　中国,我为你骄傲

317　祝福,月圆中秋

320　春节:十个祝福,十全十美

323　圆梦记

人生篇

人生一世，草木一秋。
如何让有限的生命，
活出最灿烂的模样？
这是摆在首位的问题。

人生,最重要的四样珍宝

(朗诵:燕子)

曹操在《短歌行》中感慨道:"对酒当歌,人生几何!譬如朝露,去日苦多。"

人生漫漫,夫复何求?

《红楼梦》中《好了歌》唱道:"世人都晓神仙好,唯有功名忘不了!古今将相在何方?荒冢一堆草没了。世人都晓神仙好,只有金银忘不了!终朝只恨聚无多,及到多时眼闭了……"

世事繁华,去伪存真,才能悟得真谛。

一求:健康平安

身体健康是万事的本钱,平安顺遂是所有人的心愿。

过了多少年,我们才真正体会到一家人健康平安最重要。

对恩情深重的父母,尤其希望他们健康,无病无灾。"子欲养而亲不待",才是人生最大的痛。白发人送黑发人,更是让人难过的关,情何以堪?

唯有健康平安,才是排在第一位的无价之宝,才是万事之基础。

二求:有家有暖

长路孤单,有一个爱你懂你的人,就是遭受了再大的苦、再大的累,你也觉得有所依赖,无所惧怕。

有人一辈子浪迹天涯,寻不到知心爱人,或是擦肩而过,或是有缘无分,或是错过了时机。

正如席慕蓉的诗《一棵开花的树》所写:

"如何让你遇见我/在我最美丽的时刻/为这/我已在佛前求了五百年/求它让我们结一段尘缘"

如若有缘相遇,滚滚红尘间,就有了一个温暖的巢穴、一个避难的港湾、一个灵魂歇息的地方,让你休养生息,能够再次出发奋斗。

如若有懂事听话、孝顺上进的好儿女,每日绕膝亲昵、软语呵护,就像种下的一棵花树,蓬勃生长,含苞待放,更觉日日美好,开心万岁。

三求:知己二三

《史记·货殖列传》中说:"天下熙熙,皆为利来;天下攘攘,皆为利往。"

人生是一场"孤独"的旅行。一路走来,我们会结交很多人,有些感情很深,我们以为会一辈子相知,而有些却不知在哪个拐弯路口,不知什么原因渐渐走远。

真正的朋友,是人世间的一场缘,是心与心的一段交流;真正的朋友,不求数量,而求质量;真正的朋友,在精神上、灵魂上懂你、支持你、鼓励你、帮助你;真正的朋友,在最困难的时候,给你雪中送炭,在你不足时,指正劝诫你;真正的朋友,永远默默关注你,不离不弃。

真正的朋友,经得起时间的考验,经得起尘世的洗礼。如果有二三知己好友,何其幸也!

请一定要珍惜你的朋友,他们是上天在几十亿人中,经过挑选,派来与你相会的;珍惜才配拥有,在乎才会长久。不要因为太忙,忽略了联系,就像银行存款,没有存入,最后枯竭,不得不销了账户。

四求:活出自己

人生在世,都希望能干一些自己满意的工作,即便你的工作是个饭碗,因为投入,你才能端得安生,端得平稳,端得长久。只要勤奋努力,踏实肯干,不断成长,工作着就是快乐的。

如果你还有自己的喜爱,自己的小梦想,这些能与职业结合起来,那就更幸运了。

即便不能结合,在你的年龄、精力、财力达到一定的程度,你就要学会舍弃一些,去干自己喜欢的事,活出自己的模样。人生"风雨",不要在意他人的眼光,朝着自己的梦想出发,在追梦圆梦的路上,一路放歌,无怨无悔!

人生七场戏,演好你自己

(朗诵:泉逸)

人生,短则几十年,长则百年。犹如一场大戏,有的波澜壮阔,有的情节曲折,有的惊天动地,有的浅吟低唱……

第一场　哭声开幕

当你呱呱坠地,来到人世,你发出嘹亮的啼哭声,大声报幕,隆重登场!你得到了周围热烈的掌声、开心的欢笑、美好的希望、真诚的祝福!

第二场　天真的童年

你从嗷嗷待哺、牙牙学语、蹒跚学步到初识人间,你通过学习、观察、模仿,逐渐开始认识自我,快乐是主旋律。你的每一天都给亲人带来惊喜,你像个小天使,又是个捣蛋鬼,像个小演员,最爱玩"家家",在探索未知中快速成长。

第三场　学生时光

你背起书包走进校门，从小学、中学到大学，16年的大好年华，或者有的又读了硕士研究生、博士研究生，又增加了几年时光。你步入课堂，了解学校的规矩，老师成了你最崇拜的对象，老师也是这场戏的总指挥，课本卷子成了你的脚本。你反复演练，起早贪黑，青春的脚步紧张、忙碌又匆匆。只为了考试的一刻，拼尽了全身力气。但你的内心是充实、简单、快乐的。

第四场　职场生涯

当你走出校门，步入职场，大约有30年的时光，你以不同的打工人身份出场，姑且称之为"前台"表演。开始你是青涩懵懂的初级工，逐步在失败、挫折中成长为中级工，后来有了专业经验，成了高级打工人。对下，你可能管理一个团队；对上，你还有领导。

这个过程中你可能要更换很多岗位、工作，你在迷茫、痛苦、不安、快乐、失败、成功当中，不断地转换，你的表演日渐成熟，成为重要角色，不断让人惊艳。在表演中，你准备了很多面具，在不同场景中，你披挂整齐，顺次上场。也许你很累，也许你很苦，但正是这些属于自己的独特经历，成就了一个不一样的你。

第五场　主角和导演

家庭是最常见的"后台"。在后台,你表演时,有更多的本真。从青春开始,你拉开大幕,跑步上场。从遇到心动女生,到花前月下、山盟海誓,步入婚姻殿堂,你真正成了家庭主角。为人子,为人女;为人夫,为人妻;为人父,为人母。你还有七大姑八大姨,亲戚多,身份多。在小家庭中,每一个角色都责任重大、无可替代,是家里的顶梁柱。在大家庭中,你不可或缺,角色有大有小,但均要出场。你常常是编剧、导演、主角,你的喜怒哀乐影响着很多人的幸福,你在导演着大家族、小家庭的人间剧。

第六场　慢下来,做回自己

最美不过夕阳红。到了退休的时候,你可能在两种角色中转换:有时候,你会为儿女活,为孙辈活,照顾下一代成长;有时候,你为自己活,像个学童一年,捡拾青春的梦想,只为喜好,学摄影、绘画、弹琴,去旅游、度假、休闲,开心快乐是主题。时光变慢了,人变老了,身体变弱了,你愈加平和淡然。

第七场　落下大幕

演了一辈子,不管是主角还是配角,不管是演员还是观众,你都尽力了。你卸下面具、洗去妆彩,就要告别了。也许你有遗憾,也许你有不舍,也可能眼角流出两行浊泪,在他人的哭声中渐渐远去。

每一个人来到世间,一幕幕的演出都很不容易。剧本随时在修改,你都要根据不同的情景和社会期待,扮演不同的角色。有时角色是单一的,有时角色是多重的;有时你是主角,有时你是配角;有时你是编剧,有时你是导演;有时你也只是个旁观者,一个观众。有时你积极踊跃,有时你被动无奈;有时你乐于参与,有时你无法拒绝。很多时候,你无法掌控剧情,你只能努力适应。

关键是:每一场演出都没有彩排!演好演坏,都无法更改。

请记住:

人生在世,每个人都是独一无二的。对每一次出场,你都要明确角色,全力以赴,盛装出演,才是对自己和对他人最大的尊重!也是对世界最好的留影!

找准位置,演好自己,不负岁月,不枉此生!

人生最好的状态：
有事干，有人爱，有期待

（朗诵：泉逸）

前几年，在一次企业招聘人员的面试中，一位20来岁的小姑娘谈到自己的人生追求，说最想要的生活是：有事干，有人爱，有期待。

前几天在光明网又看到一篇小短文，标题是《人生最好的状态》，它表述为：有事做，有人懂，有期待。两者异曲同工，总结得特别精彩到位。

有 事 干

生而为人，每个人都应当有存在的意义。

不管你是干惊天动地的大事，还是做平平凡凡的小事，不论是单位的重要工作，还是生活的柴米油盐，即便是你退休居家，或替子女照看孩子，或学声乐、书法、养花，你都不愿无聊闲着。很多人都希望找点事干，哪怕是作为志愿者，为社会为他人做点事，也感到很快乐。

经常看到个别人，买了彩票突然暴富，或者是因为拆迁突然得到几套房子和百万、千万财产，一时兴奋过度，选择辞掉工作，尽情享受挥霍，结果几年时间钱财用尽，萎靡不振。但更多人选择平和处之，保持原来的正常状态。

央视新闻曾专门表扬了武汉某乡开豪车上班的公交司机们,很多司机都是拆迁户,他们上班开的私家车中,不乏宝马、奥迪,然而司机们停好车后,却换上工作服驾公交车载客而去……坚守这份起早贪黑薪水不高的工作。他们说:"再富,也比不上有一份自己喜欢的工作!"还有一位阿姨,家里有很多房子,却乐于到一家高科技公司去做一名保洁员,每天兢兢业业,和公司里的年轻人相处得特别好,赢得了大家的尊重。

对他们来说,赚钱不是最重要的,每天有事干,生活充实才最好。

我的妈妈已经87岁了,但她很喜欢做棉拖鞋,或者腌制咸菜、用旧雨伞做成布包,送给亲戚和邻居,听到对方一声真诚的"谢谢",十分开心。

老话说:人不能太闲了,闲生是非,闲生忧愁,闲生矛盾。一定要让自己有点事干,这样你会感到人活着有用处、有价值。

有 人 爱

有人爱应该有两层意思。

你要先爱别人。我们可以爱父母,爱兄弟姐妹,爱亲戚朋友,爱同学同事。再广一点,你要爱社会上的其他人,力所能及地帮助他人。社会因你的爱而温暖,你也感到幸福。赠人玫瑰,手留余香。

你更渴望有人爱你。世间人千万,哪怕只有一人,真心实意爱着你,不离不弃。有些人可能对爱情十分执着,苦苦寻觅知心爱人,如果找不到,宁可自己孤独一生。

我们都熟知中国的"梁山伯与祝英台",熟知英国的"罗密欧与朱丽叶",他们的爱情感天动地。我们也被《人鬼情未了》和《天使在人间》的曲折情节所打动,唏嘘落泪。

红尘万丈,爱情芬芳。有爱的人生幸福丰满,有爱的人生温馨浪漫。爱在人世间,此生无悔无憾!

有　期　待

人和动物最大的区别,就是人有梦想。梦想指明人类前行的方向,梦想照亮黑夜的天空。

因为有梦想,追梦逐梦,我们才能乘上飞机像鸟一样在天空飞翔,才能坐着飞船像嫦娥一样奔月,才能像"蛟龙"一样下潜万米海底,才能修路建桥造高铁,才能瞬间穿过海底隧道……

任何事都有大有小。梦想可以是宏大的,关乎国家民族命运,也可以是个人的五年十年的规划。每一天的工作足迹,每一件生活小事,都是建造梦想大厦的一砖一瓦。

九层之台,起于累土;千里之行,始于足下。每到新的一年,我们可以拿出一张纸,把自己一年的目标写下来。然后将目标分解到月,再分解成每一周、每一天。目标应当是具体的,大的如买房、结婚、赚钱,小的梦想也可以是考学、就业、美食、逛街、同学聚会。

日常生活也有许多"小确幸"。我在散步的时候在路边捡了别人丢弃的一小截蜡梅枝,当时上面开了8朵小黄花,也有很多花骨朵,过了一天,开到了10朵。周六周日后上班,到办公室的第1件事就是去数花,发现开了16朵!好开心呢,轻轻地嗅一下,芳香扑鼻!

生活中有无数小期待：春天期待春暖花开，夏天期待浓荫蔽日，秋天期待硕果累累，冬天期待白雪皑皑。每一天，因我们对未来有无限的美好和憧憬，而更加有诗意。

　　请记住：

　　多想多干，爱人爱己，充满期待，让生活充实而璀璨！

　　每一天的太阳都是新的！

　　每一天都平凡而有光芒！

　　每一天都充满热切期待！

　　每一天都幸福快乐美好！

人生最好的心态：不怨，不比，不坠

（朗诵：槐花飘香）

人生不如意事十有八九，可与人言者无二三。面对风雨人生，唯有不断调整心态，积极乐观，从容应对，才是王道。

不 抱 怨

苦难，是人生最好的试金石。法国作家巴尔扎克说："世上的事情，永远不是绝对的，结果完全因人而异。"苦难对于天才来说是一块垫脚石，对于能干的人是一笔财富，而对于弱者是一个万丈深渊。

弱者遇到了坎坷，陷入了低谷，遭遇了背叛，只会一味抱怨，不断沉沦。鲁迅笔下的《祥林嫂》，丈夫早亡，儿子又被狼叼走了；面对悲惨生活，她见人就是悔恨抱怨，喃喃自语，不仅未得到同情，反而惹得别人厌烦。

一花凋落，荒芜不了整个春天；一星陨落，黯淡不了星空灿烂。抱怨是一剂毒药，不仅拖累自己，还会传染他人。抱怨老天，老天不答应；抱怨别人，别人不服气。无人理解，只能破罐子破摔，一点点沉沦。

芸芸众生,谁活得都不容易,每个人都在负重前行。与其怨天尤人,不如反躬察己;与其抱怨黑暗,不如提灯前行。学会用头脑去思考,从内心去接纳,从自己身上找原因,才能熨平生活的褶皱,才能勇敢去承担改变。

不　攀　比

有人说:人生 80% 的烦恼源于比较。如果你的欲望太多,就会不停地期望,要更大的房,挣更多的钱,吃更贵的美食,穿奢侈的衣服……人一旦有攀比心,就永远不会满足。

卡耐基在《人性的弱点》中说:"生活中的许多烦恼,都源于我们盲目和别人攀比,而忘了享受自己的生活。"

人比人气死人,命比命气成病。无谓的比较,不过都是在自讨没趣,自寻烦恼。牡丹国色天香,梅花凌寒开放,苍松挺拔伟岸,小草绿了大地,各有各的价值和作用。

在朱德庸的漫画《跳楼》里,那个女孩觉得自己过得很不幸,不堪重负选择了跳楼。可当她从十一楼跳下时,她看见十楼那对以恩爱著称的夫妻正在互殴;九楼那个平常很坚强的男人正在偷偷哭泣;八楼妹子的未婚夫正在出轨,被抓了现行;七楼那个一向看上去很快乐的女孩正在吃抗抑郁的药……

当你羡慕别人有一双水晶鞋时,一回头,却发现有的人根本没有脚,自己正被他仰望和羡慕着。正如林语堂所讲:"人生幸福,无非四件事:一是睡在自家床上;二是吃父母做的饭菜;三是听爱人说情话;四是跟孩子做游戏。"

舒服的人生，贵在不比较。你过得幸福与否，其实与他人无关。只有知足常乐，才能把生活过得风生水起。内心知足，自然欢喜常随，快乐如影随形。

不坠青云之志

人和动物的最大区别是，人有思想，人有梦想。梦想是你的诗意和远方，梦想是鼓励你前行的号角，梦想是美好的召唤，梦想是不竭的蓄电力量。人只有胸怀梦想，才能犹如在茫茫大海中望见远方的灯塔；人只有追求梦想，苦难的生活才会熠熠生光。

曾国藩是晚清名臣之一，在中国近代史上声名显赫。在他十三岁的时候，曾在房间里背一篇三百字的文章，背了三四个小时还是没有背下来。当时，他家屋顶有一个小偷，实在等得不耐烦了，直接跳下来把这篇文章背了出来，并嘲笑他不是读书的料，趁早放弃吧。就是这样一个资质平庸、考秀才考了七次、三次自杀都被救起的人，因胸有大志、从不放弃、目标坚定、越挫越勇，最终实现了"立德立功立言三不朽，为师为将为相一完人"。

请记住：

酸甜苦痛是人生，百般磨难是成长。人生的所有至暗时刻，都是黎明前的黑暗。只要坚守自己的梦想，持之以恒地努力，挨过黑暗时刻，就能破茧成蝶，光芒万丈。

人生十二运：三生四遇五努力

（朗诵：潇晴）

春日到来，万物复苏。新的季节，萌生新的期望。

命运真是个奇妙的东西。古人讲：天时、地利、人和。一年十二个月，人生也有十二运。

生在三处

生在什么时间、什么地点，我们无从选择。以下三种机缘对一个人的命运影响极大。

生在一个好时代。现在很时兴穿越。如果你生在秦朝，硝烟四起，战乱纷争；如果你生在汉唐，八方来朝，国富民乐；如果生在清末，积贫积弱，割地屈辱……不同的时代，不同的背景，直接决定了个人的命运。对于普通百姓来说，能有幸生在当今和平稳定的东方中国，那就是最大的运气了。

生在一个好地方。宇宙浩瀚，星辰众多。不同的国家地域，有的发达，有的贫困，有的文明，有的落后。出生在不同的地方，你的人生命运随着当地的文化传统文明涵养，也不可避免地受到深远的影响。

生在一个好家庭。这个家庭主要是指一个大家族,包括家族的传统、文化、家训、氛围。被誉为"千古第一完人"的清末重臣曾国藩强调治家,至今200年间其家共出了240余位有名望的人才。"民国"实业家宋嘉树有6个子女,其中宋霭龄、宋庆龄、宋美龄三姐妹名气很大。梁启超有9个子女,其中3个成了院士。好家族传承好家风,每个孩子都是幸运的。

遇见四类人

人生有很多美好的遇见。这些遇见也是一种缘分,会奠定你丰盈人生的基石,并引领你走向成功之路。

遇到一对好父母。生在一个望族不容易,有一对好父母更为难得。有的父母知书达礼、有爱心,付出全力培养孩子。有的父母如恶魔女巫,摧残虐待孩子,甚至毒打索命。父母是孩子的第一任老师。一个孩子的顺利成长,凝结了善良父母的多少心血,所有付出都是值得的。

遇到一个好老师。在十几年的求学生涯中,你会遇到很多老师。但总有那么一两位老师,犹如蜡烛,在你自卑、孤独、绝望时,将一束光照进你的生命。就像美国盲人海伦·凯勒一样,是家庭女教师用大爱,驱走黑暗,帮她学习,考上哈佛大学,成为优秀作家。老师的欣赏、鼓励、引领,会让你转变认知,发奋图强,成为优秀的自己。

遇到几个好朋友。红尘万丈,懂你几人?生而孤独,需要朋友。我们不一定期望像伯牙遇到钟子期,高山流水遇知音;不一定期望像鲁迅遇到瞿秋白,慨叹"人生得一知己足矣"。有幸有几个发小、同学、同道，可诉心事，可谋事业，彼此懂得，相携支撑，共走人生路，共登险峻峰。

遇到一两个贵人。人生贵人可以是老师，更多的是在你工作生活的关键点发现你才华的人。"圯上老人"黄石公是张良的贵人，他通过刁难考核后，才将《素书》相赠，此书共1336言，张良爱不释手，秉烛细读，大彻大悟，后来辅佐刘邦定天下、兴汉邦。有贵人相助，助你飞上云天。

五项个人努力

再好的命都离不开个人的勤奋努力。好运不会凭空从天上掉下来，人生越努力，才能越好运。

努力找到一个好工作。孔子说"三十而立"。现在年轻人就业困难，找到一个社会需要、自己喜欢的工作不容易。有时你看不上工作，有时老板看不上你，有时专业不对口，有时兴趣错位。要学会调整心态，先找一个生存的"饭碗"。工作乃立身之本，也是你实现梦想的最大平台。

努力练就一身好本领。俗话说"一招鲜吃遍天"。掌握过硬本领，拥有一技之长，有过人绝招，到处都可以谋生活。木匠祖师爷鲁班，手艺巧夺天工，传说他曾用木头做成飞鸟，在天上飞三天三夜。有人形容现代人的工作：金领、白领、蓝领，不管穿着什么"领"，练好内功，有看家本领最重要。

努力找到知心爱人。人生坎坷，能找到一个与你志同道合、心意相通、不离不弃的人，太幸运了，也太难了。或者遇见，或者擦肩，或者有缘无分,或者机缘不合。但你努力寻找,"蓦然回首,那人却在灯火阑珊处"。一旦相逢,不要错过,彼此珍惜,携手同行,走完一生,这也是人生最大的福分。

努力成就一番事业。有如一个农夫,辛勤耕耘,默默努力,一旦风调雨顺,收获累累果实。时代给无数人以机会,当今时代犹如一个巨大的风口,"好风凭借力,送我上青云"。心怀梦想,百倍努力,时刻准备,你就有大展拳脚的机会,就会成就一番人生伟业。

努力培养出好孩子。十年树木,百年树人。不论事业发展如何,如果孩子培养失败了,都会万分遗憾。翻译家傅雷为了培养儿子傅聪,倾注了很大心力,亲自编写学习课本,孩子出国后,家书更是绵绵不断,这就是著名的《傅雷家书》。我们也看到当今一些名人教育孩子失败的案例,或者娇生惯养,或者过于溺爱,养出的孩子嚣张跋扈,"坑爹"没商量。子不教,父之过,悔之晚矣。

人生十二运,外因内因少不了,机缘加上努力,便成就了无数人间传奇。

请记住:

把握好你的天时地利!

付出超过常人的努力!

默默准备着等待花开!

迎接明媚璀璨的时光!

让你受用一生的四个字

（朗诵：燕子）

时光飞逝，白驹过隙；芳华流转，回首难忘。在人的一生当中，阅尽千帆，归纳概括出四个字，每个人都可参考领悟，并且努力实践，以不负韶华，筑无悔人生。

人生须有"梦"

人和动物的最大区别是，人有思想，人有梦想。梦想是你的诗意和远方，梦想是鼓励你前行的号角，梦想是美好的召唤，梦想是不竭的蓄电力量。人只有胸怀梦想，才能犹如在茫茫大海中望见远方的灯塔，人只有追求梦想，苦难的生活才会熠熠生光。

梦想不是恒久不变的。随着时光和阅历，从儿时的天真烂漫到逐步成熟，从初入社会到经历碰壁，你的梦想在不断变化调整，越来越接近现实。

梦想可能不止一个。世界博大，人生丰富。你可能在很多方面都有不同的目标和愿景。只要经过努力，很多梦想终会实现。

终生都要"学"

从呱呱落地,走完几十年,在这一辈子当中,最要紧的就是学习。通过学习,你才能认识世界,体验人生,发现美好,改变命运。

你只有选定目标,孜孜不倦,废寝忘食,求学钻研,发现心之所爱、梦之所向,头悬梁,锥刺股,穷尽心力,在某一方面追求极致,才能实现人生的华丽转身。

学习不是一时的事,而是一辈子的事,所谓"活到老,学到老"。学要成为一种人生追求,学要成为一种境界,学要成为一种习惯,学要成为一种自觉行为。

一辈子孜孜以求,世界万象藏于胸中,你就会感觉犹如一个亿万富翁,富足无忧。

无价之真"情"

人是情感动物。人无情义,生命虚无。情有父母之情、兄妹之情,也有儿女之情、同学之情、男女爱情。不管是哪一种情,都让你在这个"孤独"的人世,感到了阳光般的温暖。

问世间情为何物,直叫人生死相许。在你苦闷的时候,有人听你倾诉;在你艰难的时候,有人陪你同行;在你痛苦时,有人帮你遮挡风雨;在你绝望时,有人助你再度启程……

没有情的人生,是孤独的一生;没有情的人生,是可怜的一生;没有情的一生,是贫瘠的一生。所以一定要懂得,情义无价,你当万分珍惜,视若珍宝。

红尘要看"淡"

  大千世界,万丈红尘。面对繁华,要用一颗淡然的心,处理好与世界、与人生、与他人的关系。淡看纷扰世界,淡看花开花落,淡看曲折坎坷,淡看功名利禄……只有看淡一切,归于平静,修身养性,你才能度过美满一生。

  人间修行是一辈子的事。孟子说:"穷则独善其身,达则兼济天下。"前方有目标,我们用"儒家理论"进取;一旦不得志,我们用"道家思想"远离;遭遇人生烦恼,我们用"佛家智慧"来开解。不同的哲理,不同的时间,不同的境遇,发挥不同的作用。进可攻,退可守,心可安。

  无论何时,都能将人生的每一段看作一片独特的风景,慢慢走过,不卑不亢,不喜不忧,悠然而去,品味无穷。

选择,决定不一样的人生

(朗诵:品味)

大千世界,芸芸众生。我们每个人,每一天、每一刻都面临无数选择。有些选择无关紧要,有些选择却会影响你的一生。

选 择 态 度

有哲人说:态度决定一切。不管你是面对学习困难,还是面临事业瓶颈,你的面前至少有两条道路:你可以选择奋斗,也可以选择"躺平";你可以选择吃苦,也可以选择享福;你可以选择煎熬,也可以选择舒适……

但所有美的东西、好的东西、有价值的东西,都不是轻而易举得到的。最险的珠穆朗玛峰山顶,有最美丽最奇诡的风景,需要你选择咬牙流血攀登;最崎岖的深林小路充满未知,但前面可能有桃花源,需要你披荆斩棘,战胜自我,一路前行。

你只有像唐僧一样,经过九九八十一难,驱除无数心魔,打败无数妖怪,才能修成正果,取回真经。

选择职业

岁月流转，芳华渐逝。孔子说：三十而立，四十而不惑。人生在世，既有远大的理想，还有柴米油盐，既有诗和远方，还有琐碎日常。太过高远的理想要接地气，太过飘缈的目标要有烟火气，太过激情的岁月要变得平实。

你要想生存，就要养活自己。不要好高骛远。你开始选择的职业，可能先是一个饭碗，这是生存的必需。立足本职，袁隆平做了"禾下乘凉梦"，屠呦呦圆了攻克疟疾梦。

如果你找不到兴奋点，当你积攒了一定经济基础，可以跳槽再寻找自己的兴趣干，那你也是幸运的。有时你一辈子也没有办法向未知的兴趣冲锋冒险，不必遗憾，退休后还可以去实践。

有时一个人的成功和"劳其筋骨，饿其体肤"、"三更灯火五更鸡"、"头悬梁、锥刺股"等之类并没有必然联系。只要你对某一事业感兴趣，无怨无悔地坚持，可能就会成功。

时代提供了无限的可能，不管是哪种选择，你都要全力以赴，不负时代，不负自我，在奋斗中活出自己的风采。

选择爱人

苦海无涯，有爱做伴。能找到一个与你志同道合、三观一致的人，有缘牵手，步入婚姻殿堂。如果能相伴一生，那真是三生有幸。

世事难料。贾宝玉与林黛玉最终含恨分手，梁山伯与祝英台变成了一双蝴蝶。即便步入婚姻,戴安娜与查尔斯却打破了王子的童话。缘分这东西,常常战胜不了岁月。

但有一点很清楚,你要跟着自己的内心去选择,不要被假象所迷惑,比如说外貌、地位、权势、金钱,拨开迷雾,灵魂相惜。好男人成就大事业,好女孩成就三代人。面对明天的无数变数,要有定力,有眼光,有耐心,择一良人一世安。

选择心态

人是高级情感动物,都有七情六欲,难免受到外界的影响,产生很多正面负面情绪。唯有正确解读,调整心态,才能远离黑暗悲伤,选择阳光,选择乐观,选择快乐。

人生最怕固执和攀比。如果你心中老是与某位同学、某位同事对比,人家事业发达、财源滚滚、万事皆好,那是你远处看到的风景,你不曾看见他暗夜的流泪,不曾看见败家儿女的不争气……谁的人生都有不可言说的辛酸。

舍得,舍得,有舍才有得。祸兮福兮,祸福相依。人各有命,知足常乐。你要和喜欢的人在一起,做你喜欢的事,让自己开心,比如说学绘画、学钢琴、去旅游;你要和相处舒服的人在一起,开心快乐,平和度日,平淡最真。

选择朋友

面对纷繁世界,我们要像大浪淘沙,千淘万选,选准真心朋友。

那些有理想追求、乐观真诚、不求功利的人,喜欢欣赏你的人,才值得你交往。

人生难得一知己,三五好友,人生之幸。在未来的岁月,倾诉、陪伴、同行、同乐、同渡,彼此成为肩膀,彼此成为支撑,相伴走过一生。

人各有所长,物各有所需。任何选择都要符合天时、地利、人和。生命的质量不在于过程的弯曲,更不在于形式的单一,而在于你选择了一条适合自己的正确道路,种自己的地,干自己的活,开自己的花,收自己的果实,丰富完美自己的人生。

人生的三个境界：淡然，释然，自然

（朗诵：品味）

淡　　然

大千世界，芸芸众生，人各有志，人各有命。

人的贪念无穷无尽。有的人追求功名利禄，有的人追求荣华富贵，有的人追求房子、车子、票子，有的人追求平安健康、生活美满。但所有的追求，都受到外界条件、本人能力和环境的制约。所谓：理想很丰满，现实太骨感。

苏轼21岁中进士，受到欧阳修的欣赏和举荐，名噪一时，平步青云。但因与王安石政见不一，"乌台诗案"发生，开始被贬生涯。他一生三起三落，64岁病死于常州。

苏轼在晚年写了一首诗："心似已灰之木，身如不系之舟。问汝平生功业，黄州惠州儋州。"他的一生看似"不合时宜"，但悲剧的仕途让他心胸大开，佳作频多，成为文坛领袖、全国偶像，史上第一全才，还是一个慈善家、美食家、品酒师。

他在《定风波·莫听穿林打叶声》中说"归去，也无风雨也无晴"，即回头望一眼走过的风雨萧瑟,信步归去,晴天雨天我都无所谓。

面对无法掌控的人生,晴天时大干,下雨时打伞,如果没有伞,那么就在雨中歌吟。淡看人生坎坷,我自且歌且行。

释　　然

当你在生活中一路披荆斩棘,一路风霜雨雪,一路经历坎坷,一路痛苦流泪,你可能会忍不住质问"苍天",为什么我会得到如此的命运？有些事无法解释,有些事只能是"上天"的考验。

史铁生年轻时下乡插队,却双腿残废回到家里,医生结论是从此再也站不起来。世事无常,他多次坐着轮椅,在地坛中苦苦思考,从绝望到希望,在感悟中释然。

他终于明白:就命运而言,休论公道。死是一件无论怎样耽搁也不会错过的事。人应该健康地活着,恪守并遵循生命的轨迹。

过了几年,他下肢麻痹,肾功能受到了严重的破坏,从此只能插着尿管。后来,他又得了尿毒症,需要做透析,引起前列腺疼痛,只能在床上躺着,最后因突发脑溢血去世。

他像一尊佛,参透了生死、贫富和一切欲望。面对悲苦的人生,他用笔杆代替双腿,乐观写作,做命运的角斗士,抒写不朽传奇,赋予无数彷徨者向死而生的希望。

人这一辈子不可能尽善尽美,当你对一切想清楚、看透了,也就能够无惧无畏,放下生命中握不住的东西,淡看人生得失,淡看世事纷纭。心若淡然,生活自会馨香安然。

自　　然

古语说:"人生天地之间,乃与天地一体也。天地,自然之物也;人生,亦自然之物。"老子在《道德经》上说:道法自然。这是告诫人们,要尊重自然,顺应自然。

孔子说:三十而立,四十而不惑,五十而知天命,六十而耳顺,七十而从心所欲,不踰矩。青年时,你需要激昂澎湃;中年时,你要变得沉稳坚强;老年时,你应平和自然。

好的人生,既要有所"追求",又不过分苛求;既要努力成就"不凡",也不拒绝平凡。在变老的路上看开看淡,让一切随性自然。

梭罗在《瓦尔登湖》中这样写道:"让我们如大自然般从容不迫地度过一天吧……让我们该起床时就赶紧起床,该休息时就安心休息,保持安宁而没有烦恼的心态……"

一年四季,春秋流转,自然万物,有荣有枯。

面对生命中的一切过往,要学会接纳,不用费尽心思去追逐,用顺其自然的态度,过随遇而安的生活。

用自己喜欢的方式,做到淡定从容、自在安宁;用诗意和欢喜的心,度过一生。

人生四季,皆是风景

（朗诵：泉逸）

人生不过百年,生命恰如四季。岁月轮转,各季都有不同的风景。

少年如春。就像初升的太阳,朝气蓬勃。大地回暖,披上绿装,春光浪漫,百花盛开。鲜衣怒马,快马扬鞭,马蹄声疾,春风得意。一切都是那么明媚祥和,充满生机,充满希望。

青年如夏。就像莎士比亚写的仲夏夜之梦,有光的炽热、绿的狂想,红花碧树,青山翠柳,一切生长得那么旺盛,葱郁蔽日,繁花似锦,犹如百草园,令人流连忘返,激情昂扬。

中年如秋。正是收获的季节,如一棵大树参天而立。你收获了工作、事业、爱情、家庭。秋之花园,有缤纷的落英,有飘香的硕果,天高云淡,层林尽染,画卷斑斓,目不暇接。

晚年如冬。天寒地冻,寒风凛冽,万木枯索,百花凋残,银白冷寂。但你不用沮丧,你可以去看梦幻冰雕,也可以踏雪寻梅,一切都在繁华后回归,生命也在淡泊中度过。

人生四季,四季如歌。有春之欢快圆舞曲、夏之激昂进行曲、秋之雄浑交响乐、冬之优雅小提琴乐曲。

每一季,都有不同的蕴意。春天播种,夏天耕耘,秋天收获,冬天储藏。不必互相羡慕,不必盲目攀比。每一季的风景,都不可替代;每个季节,都有它不同的价值和意义。

每一季,都有独特的味道。春之芳香,夏之浓郁,秋之丰厚,冬之凛冽。深深地呼吸,要学会品尝生活带给你的甘甜、优美、阴郁、冷峻。

季节轮换,你不必后悔和遗憾。不要老是沉溺过去,要学会珍惜当下,寻找享受身边的风景。

尤其是到了冬季,人更应该放平内心。面对暖阳,你要开心;面对寒冷,你围炉品茗,还可以邀三五好友,开怀畅谈。抚琴听歌,彻悟缱绻,人生有闲好时节。

不要学某些男女明星,无法面对老去,强行装嫩,满屏尴尬,面对潮水般的评论,仍然执迷不悟,一路狂奔。无节制地装嫩,违反了自然规律,再浓的化妆和整容都无法挽留已逝的青春。

漫漫人生路,每一处都是风景。既有春花秋月,也有风霜雨雪;既有大河奔腾,也有小溪欢歌;既有雄伟高山,也有荒僻低谷。每一处都有故事,每一处都不可或缺,每一处或是色彩明亮的油画,或是淡淡的水墨写意,各有不同的韵味。

记得卞之琳在《断章》中感慨:

> 你站在桥上看风景,
> 看风景人在楼上看你。
> 明月装饰了你的窗子,
> 你装饰了别人的梦。

人生四季,春去夏来,秋去冬至。

一路前行,先活出自己的风景,同时成为他人眼中的风景。

我们彼此装扮,彼此欣赏,感受四季,品味人生,别有一番淡定、从容与美好。

人生篇

人生有四悔,避开这些坑

(河南大学出版社)

人生的路有如一场探险,每个人都想看到最美的风景,寻找到最好的宝藏。

但流年经转,芳华飞逝。

经历过摸爬滚打、遍体鳞伤,临窗品茶,回望来路,有些人感到一生无成,悔不当初,痛入心扉。

一悔:无梦可追

梦是个最浪漫、最引人也最玄妙的东西。

世界上唯一可以不劳而获的就是贫穷,唯一可以无中生有的就是梦想。

有梦的人理想高远,一路披荆斩棘,勇往直前;无梦的人如生活在黑暗中,前路渺茫,彷徨无着。

20世纪80年代后出生的孩子,常常是独生子女居多,有什么需求,家长都尽可能满足。即便是身居农村的"穷二代",父母也是含在嘴里怕化了,只要求你学习好。

除了成绩,你没时间做梦,没时间发呆,少了天马行空,少了月下数星星。小小心愿的实现,也缺少了忍耐和等待,得到时的欣喜甚少。

你的人生都被父母设计好了。从小学、初中、高中、大学到找工作、找对象,很多人都成了被动者。

没有痴狂的梦,没有追梦的情,少了路途的苦,缺了成功的乐。

有时,人生路太平,是多么可怜的一件事儿。

二悔:无知心爱人

100年前,从"五四运动"起,追求民主平等、婚姻自由的新思潮席卷全国。

20世纪20年代鲁迅在演讲中关心追求自由的"娜拉走后怎样";40年代赵树理写《小二黑结婚》,描写了抗战时期解放区一对青年男女为追求婚姻自由,冲破封建传统和守旧家长的阻挠,最终结为夫妻的故事;评剧《刘巧儿》更是唱出了新时代的择偶观,不要父母之命、媒妁之言,敢于追求自己的新生活。

但到了21世纪,成年人中单身的人数不断攀升。很多年轻人没有办法寻找到自己真心相爱的人,追求"眼缘"、"心缘"……

过去可能随便找一个就结婚了,现在大多数人奉行无爱的婚姻是不道德的。在大城市,一些有水平、有能力、有品位、气质优的女孩子成了大龄女青年。

宁可孤老,也不妥协。

茫茫人海,我爱的人在哪里?

有人说这是文明的进步,但同时也是个人的情伤。

没有婚姻是一回事,从未刻骨铭心爱过是一回事。

越过山丘,才发现无人等候,是一种隐隐的遗憾和痛。

天涯路远。无爱陪伴好寂寞。

三悔:不喜欢所做的工作

很多年轻人在青春懵懂时,从上大学选专业,就被外界左右了。

要选择社会地位高的、选择就业前景好的、选择赚钱多的,成了社会时尚和潮流。

曾有一个湖南耒阳留守女孩钟芳蓉考出了676分的好成绩,获湖南省文科第4名。因受到敦煌研究院名誉院长樊锦诗人生的影响,她选择了北京大学考古专业,表示以后会读研深造,做考古研究。

消息冲上热搜后,很多人认为这个专业就业不好,没有前景。但有十几家考古单位为她加油,9省考古圈联动为她送去重磅考古书籍。樊锦诗写信鼓励留守女生:坚守理想,静下心好好念书。

就业并不仅仅是饭碗,而是人生的乐趣。如果一味只图赚钱,不感兴趣,钱再多你也不会快乐。

就业不易。你可以先解决温饱问题,骑驴找马。条件许可,为梦想搏一回,失败了也不后悔。

就怕你从不尝试。空白少年头。

四悔：无知音好友

樵夫钟子期能听懂精通音律、琴艺高超的伯牙琴声。钟子期病死，伯牙断琴。

鲁迅先生书赠瞿秋白一副对联："人生得一知己足矣，斯世当与同怀视之。"

现代社会，低头族、手机控比比皆是。每个人在微信上可能有几百上千的好友，但当你遇到困境、遇到难题、孤独寂寞时，当你想倾诉、痛哭时，你可能找不到一个合适的人。

获得诺贝尔文学奖的哥伦比亚作家加西亚·马尔克斯写的《百年孤独》是一部魔幻现实主义作品。它通过一个家族百年的发展、兴旺到消亡，恰如其分地表现了一个主题：人的孤独、封闭，以及由孤独封闭而造成的落后、消亡。

人是群体动物。人需要沟通与交流。心灵的牢笼必须打破。

唯有交流沟通才能架起桥梁，人的身体心理才能喜乐健康。

生活，就是朝起暮落的辗转；智者，就是路上有坑绕着过。

不必仰望别人，自己就是一道靓丽的风景。

长空万里，俯身耕耘，你的未来终可期。

人生很贵，人间值得

（河南大学出版社）

时光匆匆，转眼又是一年。

每一年都很不容易。我们大部分人战胜了困难，勇敢欢喜地迈入新的一年。但也有一些人，送别了远行的亲人，还有被疾病事故夺走的人。当我们在手机朋友圈中准备删除一个人的时候，心会隐隐发痛，发出感慨：珍惜当下。

人 生 不 易

世界充满了奇妙！

一个新生命的诞生经历了万千艰难。从技术上讲，男性每次排出约2亿至4亿个精子"小鱼"，极大部分在酸性河流中失去活力或者是死亡，只有极少数克服重重阻力向前游动，最快几分钟，最迟也不超过4个小时，去找寻女性一个月才养成的一只雌性"小鱼"。

当他们在黑暗中相遇拥抱，才能孕育出一个生命的种子。种子发芽生长，十月之后，新生命来到人间。

孕育生命有无穷的未知数，如环境、饮食、压力、自身健康，缺一不可。现在年轻人怀孕越来越难,有的为了求得一子,要做多少次人工受孕;有的跑到海外请人代孕,花费几万元到上百万元。所以,新生命能出生来到人世,真的很贵很难。

社会心理学家说:孕育生命可以带来快乐,可以体验完整的人生场景……

面对未知,人类像接力赛跑一样,把进化和发展寄托于一代又一代的传承和进化,从时间的维度和视角看,这种物种一直在通过繁衍延长整体宏观的生命。

人 生 短 暂

人生到底有多长?如果能活到82岁,人生也不过3万天。

如果除掉在睡梦中的1/3时间,只剩下不到2万天。再去掉你工作的1/3,大概只有1万多天。有人说人生不过一张A4纸,把你的每一天画成一个空格,你会突然觉得紧张和急迫。

生命长短不由己,黄泉路上无老幼。如果你出生之后,遇到了一些疾病或者突发事故,生命如微风,倏忽而过。

戴安娜王妃结束了她童话般的幸福婚姻后,36岁因车祸死于法国巴黎;乔布斯建立了世界一流的苹果电脑公司,却身患胰腺癌56岁去世;大歌星杰克逊50岁心脏停止跳动;一次获得5项格莱美奖的英国歌手怀恩豪斯,因吸食毒品、大量饮酒27岁早逝……

"沈飞"集团董事长、歼15舰载机工程总指挥罗阳51岁因心脏病突发去世;香港歌星邓丽君因哮喘病42岁突然离世;扮演了林黛玉的陈晓旭41岁因乳腺癌去世;香港演员梅艳芳40岁因子宫癌去世……

病魔致死可以理解,但很多人的自杀让人觉得惋惜唏嘘:张国荣46岁因抑郁跳楼死亡;黄蓉的成功扮演者翁美玲26岁开煤气自杀;前几日一韩国明星死时才20岁。一些中学生因学业或受到家长、老师、同学的批评,从楼上一跃而下,花未开而折断。

纵然有千般无奈、万种理由也不该放弃生命,丢下你的家人、朋友离世而去,给他们带来无穷的伤悲和遗憾。

缺失的一课

现代教育强调德智体美全面发展,但很多学校常以传授知识为主。成绩成为评判优劣的指挥棒!

学校教育缺少了关于生命教育的重要一课。一些孩子分不清理想与现实的差距,以为生命就是游戏,就是手机上的厮厮杀杀,转眼之间就是一局结束。将生命理解得简单、残酷、冷血,校园暴力不断滋生。

学校、家庭缺少挫折教育。孩子以为一切都唾手可得,上天也可摘星星。不知道真正的人生,酸甜苦辣,五味杂陈。

佛教讲人生有八苦:生、老、病、死、爱别离、怨憎会、求不得、五阴炽盛。释迦牟尼佛出家前是一位王子,因感受到人生无常、八苦交煎而出家修行,探求帮助众生脱离苦海之道。他认为人生真理须从苦谛中领悟,要得到出世的善果,必先修习世间的善因,种善因结善果。

珍惜生命

现代人应当立足当下,把握今生。

平凡人生,你会看到花开花落,会遇到阳光春天,遇到知己爱人,人生变得多姿多彩。你的美,你的存在,会给很多人带来快乐,会给很多朋友留下温暖,会如花一样给这社会带来美丽与芳香。

自然有四季,人生有风雨。也许你会遇到风霜雨雪,遇到电闪雷鸣,这也是人生常态。我们不说看破红尘,我们不说四大皆空,我们说人间有情。来世未知,最靠谱的是今生今世。

如果有天你遇到难处,感到悲伤、绝望,请一定对自己温柔地说:世界因为我而美丽,我的生命很宝贵,来到这人间是值得的,我要咬紧牙关挺住,把每一天过好,未来可期!

请珍惜你独一无二的生命!

请珍惜你活着的每一天!

请珍惜你生活中的所有!

余生,活着就是一场盛宴!

花开花落,人生如此

(朗诵:高霞)

有人统计,世界上大约有 45 万种花。

生命如花。总会在不同的时间、不同的地点、以不同的方式绽放,也以不同的方式结束。

一

花朵有大小。世界上最大的花叫阿诺德大王花,花的直径有 1 米左右,重 6.7 公斤,盛开时十分华丽。世界上最小的花是"无根萍",只有 0.2—0.4 毫米,针尖般大小,所以很容易被青蛙、水鸟或风传播到很远的地方。

花朵有不同的绽放时刻。有的花盛开在一年四季;大部分花则有固定的花期,在春夏秋冬次第开放。春天百花盛开,万紫千红,争奇斗艳,人间有如百花园。冬天则百花凋残,唯有蜡梅等凌寒开放。

花朵盛开在不同的地方。有的盛开在人流密集的城市、公园、路边、爱花人的家里,有的寂寞地开在深沟、远壑、无人到达的山顶,或者在森林小溪;有的摆放在国宴席上,有的走入寻常人家。

花朵有不同的绽放形式。有的花团锦簇,如云如霞;有的朴素简洁,如玉如雪。有的花常开在夜晚,生命只有短暂的几个小时如昙花。据说亚马孙河流域的玉莲花,可开2天左右。而铁树开花一般很少见。俗话说"千年铁树开花",它必须在树龄足够后,才开花,要10年到20年。

花朵有不同的味道。有些十分浓郁,世界上最香的花据说是荷兰的野蔷薇,香气可传5公里;有些如茉莉淡雅悠久,有些如桂花香风拂面,有些如康乃馨若有若无。有些花的味道极其难闻,如原产于苏门达腊的"巨人海芋",因其恶臭又名"腐尸花",气味像是烂肉,又像是大便。

二

花朵有不同的含义和价值。兰花经过作家的描述,成为高雅的"四君子"之一;荷花因为"出淤泥而不染",别有风采和美丽;桃花美好,"桃之夭夭,灼灼其华";玫瑰更是娇艳,代表浪漫和爱情;莲花代表圣洁脱俗,佛祖观音就端坐在莲花之上;康乃馨代表亲情思念;勿忘我寓意不要忘记我;百合寓意百年好合。

花朵有不同的果实。有些花是可以结果的,如苹果、梨、桃、桔,以另外一种方式反馈给人间。有些像玫瑰、茉莉花等可以采下做成花茶,重新盛开在杯中。有些如椴花、槐花可以供蜜蜂食用,酿成不同的蜂蜜。有些如菊花,既可晒干做成枕头,养神明目,也可以鲜花入馔,摆上餐桌,或做成精美的糕点。有些花可以入药。有些花可以和食物一起炖煮,养眼、养心、养口、养胃。有些花仅仅是为了观赏,美丽就是它的果子。

花朵可以做成不同的香水。《闻香识女人》讲述了香水与女人的魅力。现代社会不仅女人,男人也爱用香水。有些花被做成了干花,将美凝固。少女把干花当成书签,夹在喜爱的书中,每次阅读浮想联翩,香味暗涌。

三

花朵也不是一成不变的。时代和科技能创造奇迹。花也能改造,有些花花期很短,比如说国色天香的牡丹花,经过科学栽培,现在可以盛开一个月,温室中培育的牡丹,可以在春节特定时间盛开。武则天诏令百花盛开也纯属妄言狂妄。花可以嫁接,不同的颜色、不同的种类可以和谐共开,比如现在城市绿化美化栽种的树形月季。

花朵的开放有很多条件。除了自身努力,还需要外界的作用,比如说土壤是否肥沃,养分是否充足,气候是否合适。如果不巧遭遇了严寒,遭遇了暴风雪,花瓣零落,花泪盈盈,好不伤悲。如果有人不小心折断,花朵只能暗中哭泣。开在深谷或南方的花挪到另外一个新的环境,可能命丧新家。花的命运有时也不由自己掌控。

四

人生如花。花开花落,自然规律。林黛玉在《葬花词》中唱道:"花谢花飞花满天,红消香断有谁怜……花开易见落难寻,阶前愁杀葬花人。独倚花锄泪暗洒,洒上空枝见血痕。"感慨生命的短暂与柔弱,过于悲观和伤感。

人生如花。如果你未开,你要等待;如果你盛开,展现美丽;如果错过,期待明年;如果萎谢,化作花泥。不必攀比,不必自卑,不必叹息,也不必惋惜。

人生如花。有些早开,有些晚开,有些花朵繁盛,有些花期短暂。不同的命运、不同的际遇、不同的造化,你都应万分珍惜。

人生如花。感恩你曾经来过,感恩你每一次努力,感恩你曾经花开,感恩你每一次绽放,感恩闻到花香的路人,感恩你奉献的果实。感恩你装扮了世界,感恩你奉献了美与爱!

奋斗篇

人生苦短,
光阴易老,
唯有奋斗,
绽放光彩。

为梦冲锋的样子,最美

(河南大学出版社)

梦想是什么?每个人有不同的答案。

有人说:梦想是一双翅膀,带着你翱翔在天空;梦想是一盏航灯,指引你前行的方向。

我更欣赏这句话:梦想是需要去播种的种子,梦想是需要绘画的白纸,梦想是需要去开垦的沙漠。

一

小刘出身农家,高中时又有点贪玩,结果只考上了一个民办高校的专科生。高校期间,他发愤图强,完成了专升本。毕业那一年,他参加了国考,以较低的分数入围。虽然努力准备,无奈强手林立,难以逆袭。

后来,他又参加了省内、省外三四次不同类型的考试,均以失败告终。但是,他内心有一个声音,希望证明自己"行"。他抖擞精神再战,第二年以笔试第一、面试第一的成绩进入了一个大公司。

公司很锻炼人。他要求自己必须是上班最早、下班最晚的人,很快成了业务骨干,薪资不断提升。工作之余,他坚持每天读书学习,先是考取了会计资格证,又参加了研究生考试,两年后考取。

几年中,他以看似平凡的起点,实现了命运的转变。头发也掉了不少,但他从不停步,不断设定更高的人生目标,不断努力,不断提升,逼自己成为更优秀的人。

他的追求影响了爱人,爱人也以专升本的水平考取了外省的研究生。两个人比翼齐飞。

人生要有目标。每个人的成功之路,都不会一帆风顺。但不论自己的起点有多低,只要你坚持不懈,失败了不气馁,找对正确的方式方法,坚持!坚持!再坚持!成功总会向你招手。

二

我的亲戚小雪,毕业于上海一所艺术类专科学校,毕业后先在一家室内设计公司上班,后来卖过保险,开过减肥店,加盟过炸鸡店,学过会计,做过装修。

因为自己要买房子,她熟悉了交易的全流程,后来干起了房屋中介。这和她原来学的专业,差距十万八千里。在这个过程中,她结婚生子,儿女双全。

没人帮忙,她经常带着孩子陪客户看房子、谈价格。她热情、平和、乐于帮忙,经常帮客户修锁、换门、拎垃圾,发现客户的灯坏了,直接让爱人去给对方买灯、安灯,修理费也不要。恰恰是这些小细节,感动了对方,使她成了几家中介都在抢的业务员,最终选择让她卖房。

她每年都是公司业绩最好的人。卖得好，挣了钱，换了房，照顾了家庭，养育了孩子，自己也找到了人生的新坐标。

当我们十七八岁时，人生懵懂，我们选择了专业，学到了一些基础知识。走入社会，突然发现，所学的专业与爱好、岗位没有绝对的关系。

你可能在社会上磕磕绊绊，不停地寻找。每一次失败，都是一次试错。没什么了不起，你可以再选择，你还有很多人生机会。不要放弃，相信自己，你终会找到最佳的位置。

三

现在，每年大概要有1000多万毕业生。众人希冀的好岗位越来越稀缺，竞争更是白热化。

进入社会，年轻人要找工作、租房子、安排生活、谈朋友……大城市生活更不易。有的人六点出门，赶上地铁，两个小时才能到达单位，自己被挤成了"纸片人"。所谓的名门望族、家世背景、靠爹吃饭，那样的人能有几个？

但我们赶上了一个迅猛发展的好时代。时代给我们普通人造梦圆梦的机会。只要你有目标，只要你努力进取，只要你不抛弃不放弃，永远在追梦的路上，你就终会有圆梦的那一天。

在追梦的路上，你要像一个战士一样，永不倒下，一直向前冲，那么好运、成功也会眷顾你。

为梦冲锋的样子，是时代最美的风景！

风雨人生路,多备几把伞

(朗诵:环环)

一

家在农村的小娟上初中的时候,觉得作业太多,学习太苦,就跟着一个表姐来到大城市的一个小美容店学艺,学徒时没什么工资,干了几年,现在一个月3000元多点,除去每月吃饭买衣服的开销,也就剩下1000多元。她现在才明白不读书的亏了,就将余下的钱都拿回家交给母亲,供养弟弟上学。

虽然这里风吹不着、雨淋不着,但她不敢离开,小心谨慎,觉得一旦离开,就很难找到一个好工作,现在她最大的愿望就是把自己打扮得漂亮点,找一个好对象,这样就可以有个依靠,这是摆脱现状较好的出路了。

看着她对未来忧心忡忡,我很替她惋惜。该用功打基础的时候,害怕吃苦受累,现在只能寄希望于他人,可那牢靠吗?自己无法掌控命运,终究是心中忐忑,前途莫测。

二

小赵是一位省直单位的公务员,但在工作之余,他喜欢写作。先是在博客上发文,积攒了很多粉丝,现在自己又做起了公众号,每日五点起床,读书写文章,日更一篇,单位里的公文写得越来越好,成为领导欣赏的"一支笔",已经出了一本散文集,职位也提升了,还认识了不少志同道合的朋友,生活展现了无限美好的未来。

人呢,不能一直待在舒服圈。温水煮青蛙,慢慢废了自己。着眼未来,多修炼几门本事,工作爱好两不耽误,互相促进,进可攻退无忧,才能活出自己的风采、自己的从容自在。

三

张姐是一位能干的女性,与第一任丈夫性格不合离了,二婚的丈夫开了一个公司,主要是中小学图书印刷发行。张姐不仅长得漂亮,业务能力还特强,风风火火,业务越做越大,但两人矛盾也越来越难调和,无奈分手。

面对境遇的变化,她中间又住了两次院,但每次见到她,她都打扮得特别漂亮,房间里鲜花开放,印刷业务不仅做得好,还热心组织朗诵会。生活的风雨没有留下多少痕迹,她没有被各种变故打趴下,反而越战越勇,活色生香,生机盎然。

每个人都要有一颗坚强的心,不要把别人当拐杖,不论生活风雨有多大,自己都能撑得住伞,潇洒前行。

四

人生是一趟长长的孤独的旅行,有时丽日当空,转瞬之间暴雨如注;有时你提前准备了伞,有时却把伞忘在了家里或别处,淋了个落汤鸡。

当然,如果有个同行者,又乐于助人,你可以借伞同行。

但没有人可以陪你一辈子。最稳妥的就是自己准备伞。

要记住三条:

一是要提前预备,自己有伞。"凡事预则立,不预则废",不盲目乐观,提前筹划,以不变应万变。

二是偶尔学会借伞。当你遇到突发暴雨,别胆怯别犹豫,主动开口,有的人会愿意渡你一程,你一定要心存感激。

三是要多给自己准备几把伞。不要一味依赖别人,要想到"狡兔三窟",多掌握几个技能,多学点本事,处处风雨,处处有伞。

走自己的人生,自己要打好伞!任凭狂风起,我自从容行!

越努力，才越幸运

（河南大学出版社）

一

小李是一个在英国留学回来的研究生，作为人才被引进到一个事业单位。因上级一个调研项目需要，他有幸随同参与调研。

同行的领导看到了他的好学、踏实、敬业，委托他组织本省的一个研讨会。在这期间，他很快又被一位处长相中，借调到一个临时机构帮忙，一干就是三年。

在这三年当中，多少个下班后的苦干，多少个周六、周日、节日的加班，正是这些别人看不见的努力，他从职场小白到业务能手，从不会写文章到下笔如有神，得到上下左右的一致夸奖。

让人印象最深的是，不论何时何地，只要领导给他打电话，他从来都不会说一个不字；即便是节日期间，他也会迅速赶到办公室，把交代的材料写好。

一次去外省出差，领导随口说了一句，准备第二天汇报调研成果，他马上拿出随身带的电脑，在高铁上就开始撰写稿件，下车时初稿基本成形。

这样的年轻人谁不喜欢呢？同事夸奖，领导夸奖，别的部门都争着想要。

工作期间，他又读了在职博士，顺利毕业。后来，他又参加了考试，被选拔到另外一个单位。到那个单位不到半年，他就被两三个上级部门看中，要借走。他的发展应该是前景无量。

看到别人成长进步，有人说他们运气好，有人说他们很聪明，有人说他们一定有背景。其实最重要的还是本身有理想、肯努力，是每一天的努力拼搏，奠定了未来成功的阶梯。

二

成龙是个传奇。成龙只有小学文凭，长得不英俊，刚入圈时，遭到了多少人的拒绝，只能跑龙套，他的电影知识都是在他当演员之后靠刻苦自学得来的。但是，他从不放弃，他比别人更吃苦更努力，完全是个"拼命三郎"。

在电影当中有很多高难动作，他都是亲自上阵，不用替身。他被踢掉过牙齿，撞断过鼻梁骨，撞伤过膝盖、大腿，最严重的一次在拍摄《龙虎兄弟》时出了意外，差点丧命。

成龙是用生命在演电影，他才是我们心中当之无愧的真心英雄，也是第一个在好莱坞星光大道留下手印的华人。

每一个成功都不是偶然的，每一个高山仰止的伟大成就都是由于付出了超过常人的艰辛努力，是用生命的拼搏和流血流汗换来的。

三

在职场上,一个人努力不努力,对人生命运影响很大。

时代给所有人以无限的机会。只要你在某一方面超出常人地努力再努力,按照"一万小时定理",你都会做出突出的成绩。

从身边的普通人到明星传奇,他们的故事是一种精神象征,是一种努力坚持和永远拼搏的象征,他们用奋斗人生告诉我们,努力就有希望,坚持就会成功。

事业成功需要聪明、干练和幸运,但你可以自己创造好运。怎么创造?就是在非常非常难的事情上,做得非常非常好。

不要怕冒险,找那些最困难的事,主动去帮助解决。

请记住《真心英雄》中的几句歌词:

> 把握生命里的每一分钟,
> 全力以赴我们心中的梦。
> 不经历风雨怎么见彩虹,
> 没有人能随随便便成功。

幸运只眷顾努力奋斗的人!

在奋斗中,学会长长的等待

(朗诵:品味)

人生是一次奇妙的旅行。

当你背起行囊迎着朝阳出发,你就在不断地憧憬前方的奇遇、远方的美景、终点的成功。

但你在前行的路途中,需要有耐心,要有一份长长的等待。

成长需要等待。从牙牙学语到走进学堂,从毕业工作到建立家庭,从报答父母到报答社会,你每一段的奋斗都在等待中进行,在不断的等待中努力进取和圆满。

收获需要等待。就像农民,春天播种,等待萌芽,耕耘除草;烈日骄阳下,等待灌浆,等待成熟,等待收获。

成功需要等待。在奋斗的过程中,常常面临苦闷彷徨,付出更多的辛勤汗水,有时还有委屈眼泪。成功不是一蹴而就,而是在经过雨雪风霜后,迎来璀璨的彩虹。

等待是一个美妙而漫长的过程,无法跨越。在等待中,有努力,有耕耘,有奋斗;在等待中,有美好,有希冀,有憧憬。

等待不是守株待兔,不是刻舟求剑,而是在等待中酝酿力量,在等待中积累经验,在等待中脚会流血生茧,在等待中迎接腾飞成功。

等待也是美好的。有的人,一生都在等待,等待花开,等待日出,等待月圆。等待,为生活增添了诗意;等待,为苦难增加了甜蜜;等待,为未来描绘了期许。

诗人汪国真在《学会等待》中说:

"你要学会等待和安排自己,

成功其实不需要太多酒精。

要当英雄不妨先当狗熊,

怕只怕对什么都无动于衷。

河上没有桥还可以等待结冰,

走过漫长的黑夜就是黎明。"

每个人的一生,都有无数次等待。让我们咬紧牙关,在等待中成长,在等待中憧憬,在奋斗中迎来人生的高光时刻。

成大事的人,都奉行的一个字

(朗诵:潇洒)

人生成功有很多种途径。不同的人,有不同的境遇和造化。纵观世界历史,干大事、干成事的人,他们都会遵循奉行一个"金"字,那就是"等"。

一

等是忍耐。

等是忍得住羞辱、孤独、寂寞。韩信很小的时候就失去了父母,主要靠钓鱼换钱维持生活,屡屡遭到周围人的歧视和冷遇。但是,他立志要有所作为,于是日夜钻研《孙子兵法》。

一次,一群恶少当众羞辱韩信。有一个屠夫对韩信说:"你虽然长得又高又大,喜欢带刀佩剑,其实你胆子小得很。有本事的话,你敢用你的佩剑来刺我吗?如果不敢,就从我的裤裆下钻过去。"韩信自知形只影单,硬拼肯定吃亏。于是,当着许多围观人的面,从那个屠夫的裤裆下钻了过去,在一片嘲笑声中大踏步地走了。后来,刘邦的丞相萧何三次将韩信举荐给汉王刘邦,刘邦拜韩信为大将。韩信辅佐汉朝有功,被封为齐王。

科学研究更要耐得住冷板凳,常常需要潜心研究几十年。袁隆平终日劳作在田间地头,才有一个个杂交水稻品种的问世。这期间需要你忍耐,耐得住寂寞,拒绝世界的诱惑,守住自己的本心。

二

等是积蓄力量。

种子埋入土中,要经过漫长的等待,才能破土而出。麦苗要经过一场冬雪,来年才能丰收。含苞待放的花朵,它在暗中等待,为了盛开的那一刻。

"荷花定律"说:一个荷塘里的荷花,到花期时,第一天只开一点点花,第二天起,每天开花的数量是前一天的一倍,到第29天才开了一半,而第30天就开满了池塘。

这个定律潜在地说明,成功的秘诀在于不懈地付出努力,不断地积累,到最后一天才会得到大大的回报。

在等待的黑暗中,决不能荒芜岁月,更不能浪费时光。默默地积累,汲取养分,充实自己,攒足劲,为那一刻的盛开积蓄力量,时刻准备着。

三

等是一次次的失败后重来。

谁的成功都不会一蹴而就,都由无数次的失败叠加而成。犹如盖房，万丈高楼平地起。马云曾经历了三次高考，最后才考入了杭州师范学院。毕业后他在杭州电子科技大学当英语老师，同时开始创业，办过翻译社，印过中国黄页，连续10次创业失败，现在阿里巴巴的电商业务遍布全球，成为全世界的IT巨头之一。

青蒿素的发现谈何容易。屠呦呦和其团队付出的艰辛，世人难以想象。在190次失败之后，1971年屠呦呦课题组在第191次低沸点实验中发现了抗疟效果为100%的青蒿提取物。后来，针对青蒿素成本高、对疟疾难以根治等缺点，她又发明出双氢青蒿素这一抗疟疗效为前者10倍的"升级版"。

2015年10月5日，85岁的屠呦呦获得诺贝尔生理学或医学奖。她是第一位获得诺贝尔科学奖项的中国本土科学家、第一位获得诺贝尔生理学或医学奖的华人科学家；这是中国医学界迄今为止获得的最高奖项，也是中医药成果获得的最高奖项。同年，国际天文学联合会将第31230号小行星命名为屠呦呦星。

失败是成功的前奏，失败是成功的标配，失败乃成功之母。

四

等更是寻找机会。

我们说每一个人都有自己的人生和命运。古人说成功需要天时、地利、人和，缺一不可。

商纣时的姜子牙出身低微，前半生漂泊不定、困顿不堪，但他满腹经纶，壮志凌云，深信自己能干一番事业。听说西伯姬昌尊贤纳士、广施仁政，年逾七旬的他便千里迢迢投奔西岐。

但是,来到西歧后,他不是迫不及待地前去毛遂自荐,而是来到渭水北岸每日垂钓,他说:"我的鱼钩不是为了钓鱼,而是要钓王与侯。"后来,他果然钓到了周文王姬昌。姜子牙辅佐周武王伐纣成功,建功立业,被封于齐地。

当年诸葛亮胸怀天下、躬耕南阳,他在默默地观察,择良主而事之,终于等来了"三顾茅庐"的刘备。赤壁之战,"万事俱备,只欠东风",东风必须要等,一股东风,三国定也。

第二次世界大战时的苏联,等到了严寒的冬天,等到了漫天的大雪,到了那一刻,希特勒全军溃败。让希特勒"三个月灭亡苏联"的狂言彻底破灭。

人生有时候也需要等。等待对手,等待时间,等待发现对方的破绽,等待战争的转机。

五

每个人都需要等!

当今时代犹如一列风驰电掣的列车。我们每个人不由自主地被裹挟其中。

干大事成大事的人,请冷静!一定要记住这一个字:等。

等待你的积蓄!

等待你的成长!

等待你的含苞!

等待你的绽放!

等待辉煌时刻!

在每一个奋斗的日子里,竭尽全力

(河南大学出版社)

一

我有一个亲戚小丽,20年前上高一的时候,因学业一般,怕考不上大学,就上了一个小中专。毕业后她来到郑州一个公司打工,打工期间她因为学历低,心里有点自卑。谈对象的时候,又被男方反复追问学历,她一气之下就上了自考本科。但是,她心里一直有一个解不开的情结,想上研究生。

无奈生活的波澜将她推来推去,先是结婚,然后又接连生了两个孩子,每天忙得脚丫朝天,睡眠不足。但是,她就是抱定了考研究生的念头,连续4年考前请假复习,每次都是失败而归,谁劝放弃都不听。

孩子很小,公公婆婆帮着看。有时候,家里太闹腾,她为了集中精力,就在外面专门租一个房间。冬天很冷,也坚持学习。她英语真的很差,就咬着牙"死背",脸上身上有时候还起风疹大疙瘩,有时还会头晕,脸也肿胀。但是,她坚持了一年又一年。第五个年头,2020

年疫情期间,她终于考上了研究生。

再见面时,大家都感觉她自信多了,额头也舒展了,说话声音也大了。两个孩子在妈妈的影响下,都乐于学习,成绩很好。

坚持梦想,有恒心和毅力,不怕失败,跌到了,再爬起来。只要有坚持的勇气,就会有成功的那一天。

二

小乔是学声乐的,母亲早逝,大学毕业以后,跟着媳妇来到了省城。他先是在一家民办高校做宣传工作,但因为收入不高,感到生活有压力,就辞职去做产品推销,投入了很多。

但干了一段,因为"人太善良",仍然做不好。困难时他焦虑得发烧,嗓子哑了,嘴上起泡。因为要开拓市场,生活不稳定,工资难保证,他经常和媳妇、丈母娘发生矛盾,无奈离了婚。

现在他又拾起老本行,去了一个幼儿培训机构,做执行校长,月薪一万多元,老板替他租了房子。他把父亲接到身边,在朋友的帮助下,父亲做了保安,有了些收入,生活更有保障,开心多了。

每次看到他,我都觉得很佩服。对自己的工作,不管再苦再累,他都咬牙坚持。一米八零的个子,很高,肯定能顶起生活的一片天。

一个人只要有信念,踏实肯干,不怕尝试,不怕嘲笑,不抛弃,不放弃,一直坚持努力奋斗,生活一定会露出笑脸,日子会越来越好。

三

其实,我们每个人的智力都没有太大的差别。真正高智商的人没有几个。一个人能不能过好,关键是看他有没有人生目标,并且能否在不同的阶段细分出大目标和小目标。

有了目标,并不是每个人都能够竭尽全力。有人嘴上说得很好,但一遇到难处,就败下阵来,成了缩头乌龟。

工作是否努力?是否竭尽全力?是否想尽一切办法?这对所有人,结果都是不一样的。古人说:吃得苦中苦,方为人上人。你只有把每一件小事都尽力干好,才能成就大事业。

当你在工作和生活的时候,当你看到别人取得骄人成绩的时候,当你遇到困难想放弃的时候,你都可以问问自己:我是否已竭尽全力?

人生低谷,熬过去就是艳阳天

(河南大学出版社)

俗语说:人生不如意十之八九。艳阳高照也有,但风霜雨雪更多。如果你处于人生低谷,不要气馁,不要抱怨,更不要放弃。你需要坚持、需要挺住,熬过去就是最好的办法。

一

韩女士是一位事业成功的女性。但是,说起过去的日子,实在是太艰难了。她结婚比较早,和丈夫在同一个报社上班,两人比较对脾气,很快结为夫妻,生下了一儿一女。本以为夫妻同心,共同打拼,谁想男人有了外心,坚决要跟她离婚。为了离婚,常常拳头相向。没有办法,她一咬牙离了。

那段日子真难。她把男孩子送回老家,由父母带着,女儿由自己和保姆带,小保姆为了自己出去玩,经常把孩子锁在漆黑的地下室。听到邻居说起这事,她泪流满面。不停地换保姆,同时咬紧牙关,出去推销、印刷、卖房子、卖酒,什么活都干。难过了,躲在被窝里哭一场。现在女儿上了研究生,儿子也马上就要上大学了,生活一天天变好。

岁月悠悠,长路漫漫。成年人的生活谁都不容易。你可以痛苦流泪,然后洗把脸走出去;你可以给自己鼓劲加油,告诉自己,熬过去就是艳阳天。

二

刘备的一生,多走在崎岖坎坷之路上。他出生于贫寒之家,自幼以贩鞋卖席为生。从军后势单力薄,常年寄人篱下,小战或胜,大战皆败。五易其主,四失妻子,将近 30 年的时光里,漂泊不定,手里甚至没有超过 1 万的士兵。

就是这样的一个人,一路跌跌撞撞,终于有了自己的一方天地。称帝的那年,他已经 61 岁。他白手起家,受过多少辱,忍过多少耻,或许连他自己也记不清。

沉溺于悲伤,就注定会再次受伤;沉沦于过往,就注定去不了远方。熬过每一天,默默在风雨中艰难前行,终会迎来胜利的曙光!

三

宋代大文豪苏轼,一辈子也很不容易。由于政见不同,他一次次地被贬。面对困境,他却有一颗安定的心,有着"风风雨雨,荣辱得失又何足挂齿"的格局。他每到一处就造福百姓,杭州的西湖现在还留存着著名的"苏堤"。

林语堂先生曾说,苏轼是"不可救药的乐天派"。身处逆境苦海,他不悲观,懂幽默,玩得好,吃得好。还自得其乐,研究烹制出许多美食,如"东坡肉"、"东坡肘子"。在被贬黄州时,还写了一首《猪肉颂》:"净洗铛,少著水,柴头罨烟焰不起。待他自熟莫催他,火候足时他自美。"他的生活是苦的,只不过他想办法把苦日子过甜。

岁月流转,人生百变。人生就是一个熬的过程,很多时候生活并没有绝对的胜利可言,挺住就意味着一切。只有学会在低谷时苦中作乐,才能有战胜黑暗的勇气和信心。

四

人生在世,旦夕福祸在所难免,有人在苦难面前流干了泪水,也没能将困苦消化。遇事不逃避,不轻易放弃,迎难而上,咬紧牙关想办法渡过难关,即使失败了,也有从头再来的勇气。

成年人的世界里,过得去的是故事,过不去的就是事故。成年人就该有成年人的模样:哪怕受尽委屈,也要哭后再笑;哪怕生活早已一地鸡毛,也要宠辱不惊;哪怕困难再大,也要挺过去,每一个坎儿会成为身上最坚硬的铠甲。

人生不是百米冲刺,而是漫长的马拉松,比拼的本就是毅力、决心和向前的坚持。

席慕蓉在《写给幸福》中说:"挫折会来,也会过去,热泪会流下,也会收起,没有什么可以让我气馁的,因为,我有着长长的一生……"

坚信自己有巨大的潜能!生活不是等暴风雨过去,而是要学会在风雨中起舞。你熬着熬着,熬过黑暗,就能见到明天的朝阳!

你的成长,需要一点"钝感力"

(朗诵:泽临)

一

一个朋友的女儿从国外读研究生回国,正赶上疫情期间,加上这两年毕业生多,就业困难。她想回到曾工作过的地方。

她给单位的领导发信息,领导没有回;她给人事部的同事打电话,对方说太忙,让她等。她就在家里等了一周又一周。

开学快到了,实在等不及,她给我打电话问该怎么办。

我说,别人忙,很正常,你为什么不去上门拜访呢?过去都认识。她说怕给对方添麻烦,增加压力,自己也不好意思。

我笑了,说现在都什么时候了,不要清高,不要腼腆,没有工作就没有饭碗,怎么养活自己?且不说学习期间家里花费了很多钱。现在需要一点"厚脸皮",主动上门推销自己,只要找到满意的工作,体现价值,这才是最重要的。

很多学生,在校园里待久了,生成了一颗玻璃心。害怕被人看不起,害怕失败,害怕没面子。但是,面子终究没有里子重要,要想有一个实用的"里子",那就要先丢掉"面子"。

二

我在大学上的是中文系,刚进入机关的时候,领导安排我写一个讲话稿,我费了很大气力,用了很多华丽的辞藻,觉得很有激情和文采。

报告呈交上去,自然被领导不留情面地批评了一顿,说我连这么一个小稿子都写不成。过后又在办公室议论这事,说别看学历怪高,还是学中文的,水平差得很。

我把眼泪忍到肚子里,主动找和善的老同事请教,不断地修改,还经常将领导改过的稿子留存下来,时时对照琢磨公文写作的特点。几年下来,我的一些文章在行业评比中获了奖。

进入职场,领导批评、同事怀疑、细节出错,我们或多或少都会有很多挫败感,这时你需要自我调节,"脸皮厚"一点,"钝感力"强一点,让自己变得"粗糙"一点,才能承受各种压力和锻炼。

三

人非生而知之,而是学而知之。社会与职场是个新课堂,与学校书本里的知识相比,还是有很大差距的。

如果你听到批评就受不了,遇到挫折就灰心失望,战战兢兢、如履薄冰,一颗玻璃心,怕受到伤害,总想像只鸵鸟躲起来,就无法快速成长。

凡事主动请教,虚心听取意见,勇于发现不足,坦然面对一切。多做小学生,知耻而后勇,学习改正,在实践中提高。

请记住:在职场生存,多一点"厚"脸皮,在痛苦中磨炼,在失败中成长,默默努力,破茧成蝶,终会逆风飞扬,舞出人生华彩。

看脸时代，平凡的我们照样光芒万丈

（朗诵：燕子）

《读者》刊发过一篇文章叫《泥萝卜》。

文章说：日本的真山美保先生写了一部话剧，叫《泥萝卜》，故事中有一个女孩，由于满脸沾满泥巴，丑陋得像萝卜一般，被村里顽皮的孩子嘲笑为"泥萝卜"。这个总被人欺负的女孩最后却变成像佛陀一样美丽的女子。

这个女孩为什么能变美？因为女孩的爷爷让她做三件事：总是面带微笑，站在他人的角度想问题，不因自己的面孔而感到羞耻。她日复一日地和自己作斗争，最终成就了美丽。

当今社会，盛行"看脸"，长得漂亮就是一张通行证，长得漂亮更容易得到他人的好感与帮助。有些娱乐明星的脸更是成为一些年轻人整容的模板。

容貌带来自卑，整容大行其道。虽然失败的案例数不胜数，但很多人前赴后继。

《泥萝卜》却给我们以新的出路，为颜值"逆袭"另辟蹊径。

接 纳 自 我

每个人都是不完美的。上帝在造人的时候,随心所欲。当你拿到一张烂牌,与其抱怨痛苦,不如理智接纳。

其实,容貌在第一次见面时,的确给人很深的印象。但是,当我们深入交往,"面子"就会退位,而才华、能力、善良、人品成为新的标准。内在美,才有打动人心的持久魅力。

雨果的《巴黎圣母院》以怪诞和对比手法写了一个发生在15世纪法国的故事:巴黎圣母院副主教克洛德道貌岸然、蛇蝎心肠,先爱后恨,迫害吉卜赛女郎爱斯梅拉达。

敲钟人卡西莫多有着丑到极点的相貌:几何形的脸,四面体的鼻子,马蹄形的嘴,参差不齐的牙齿,独眼,耳聋,驼背……但他为救女郎舍身赴死。我们被他的高尚心灵所震撼。

中国古代的丑女无盐,皮肤如漆,臼头深目,长壮大节,肥脖少发,令人望而却步。年过四十,流离失所,尚未婚配。但她却在其他方面补救:学识上的修养,事理上的观察,道德上的勇气。因此,在主动求见齐宣王时,她一针见血地切中时弊,畅所欲言,使得齐宣王大为折服,成为齐宣王的王后。

整容的美只是一时的,时间最是无情,最后脸垮扭曲,更为惊悚难看。

不管你的颜值如何,坦然接纳一切,认识自我,从容面对才是良策。

强 大 自 我

英国作家王尔德说:"漂亮的脸蛋太多,有趣的灵魂太少。"

现在流行的名言是:"好看的皮囊千篇一律,有趣的灵魂万里挑一。"丰富的学识与有趣的灵魂自有征服他人的力量。

读书是最好的美容品。学识能美化你的灵魂和头脑,容貌一般的简·爱,靠读书学习,找到自信,最终掌控了人生的命运。

只有自立才能强大。要学会生存的技能,不依赖别人,经济独立,才能从容生活。《哈利·波特》的作者罗琳,小时候戴着眼镜,长相平平,有点害羞,流着鼻涕,但酷爱学习。她离婚后,生活极其艰难。在开始写作时,曾因自家屋子又小又冷,到附近的咖啡馆,把故事写在小纸条上。

不过,她的努力没有白费。"哈利·波特系列"小说凭着出奇的想象、层层迭出的悬念、活泼的语言,一夜之间,风靡全球。如今,罗琳与丈夫、三个孩子幸福地生活在一起。

要多关爱他人。我们生活在这个世界上,永远是在一个群体当中。你付出的爱多一点,就会收到爱的回报。就像鼓掌,两只手要热烈相撞,声音才能响亮。

强大自我,丰富内心,唯有真善美,才能抵御时光,抵御岁月,抵御皱纹,美得长久,美得优雅,美得自然。

永远面带微笑

良好的礼仪是外在的修养，让你从人群中脱颖而出。

微笑最有力量。微笑是全世界的通行语言。发自内心的微笑真诚坦荡，最有感染力。不论在文明社会，还是蛮荒之地，微笑能打开心灵的坚冰，带给世界明媚的阳光。

提升个人形象。要通过健身，保持良好的形体；要通过舞蹈，提升个人的气质；要学会说话，走入对方的心灵。要让自己从内到外，美得出众。

前段时间，为期12天的北京时装周落下了帷幕。辽宁瓦房店的于书，被称作"白发模女"，满头银发，年过六十，在T台上走出了沉淀的气质、优雅从容的态度，美丽而惊艳。

看到如今的她，谁曾想，她曾两次瘫痪，婚姻破裂，因病痛一夜白头。她51岁时终于想明白了，开始追逐梦想，坚持了7年，到大连专门培训中老年模特的学校学习，每次来回4个多小时。时光不负苦心人，她终于走上央视舞台，让模特梦想开出了花，并成功在家乡开办形体培训学校，也遇到了知心爱人。

我们每个人都应当看淡面子、丢掉肤浅，微笑着与"颜值"握手言和，把磨难当成沉淀的气度，在自信从容中绽放自我。

坦然接纳自我，提高能力水平，破茧成蝶，面带微笑，关爱他人，自会优雅一生，散发光芒，美照四方。

守住底线

（朗诵：燕子）

底线是做人做事的警戒线，是事物发生质变的分界线。

有了底线，做人做事才有基本的准星，社会才有基本的道德准则。当今社会，为官为民，做人做事，都要有底线。

做人的底线

生而为人，万物灵长。沁润了几十年的教育，做人应该坚守一些底线。

要坚守真诚做人。只有真诚，才能不虚伪，呈现出真实本真的自己，得到他人的信任，万事可以托付。要正直做人。人生在世，有三不能"笑"：不笑天灾，不笑人祸，不笑疾病。立地为人，有三不能"黑"：育人之师，救人之医，护国之军。要清白做人。有的人为了功名利禄，不择手段，丧尽天良，终有一天，露了原形，丢失了底线，绝交了朋友，臭名远扬。

良心的底线

每一个人立足于社会,都要有一个饭碗,不管是在什么地方高就,还是在烟火市井谋生,赚钱都要有底线。

良心是底线。赚钱要干干净净,来路清爽。古人说有三不能赚:国难之财,天灾之利,贫弱之食。现在一些人通过电信网络诈骗,坑蒙拐骗,让人痛恨,赚了昧心黑钱,受人万世唾骂。因为有良心,做事就要讲诚信,诚信第一,童叟无欺,诚信是你的财富,也是你最大的资本,信用就是银行长期存款,越放利息越多。诚信就要守诺,经济往来,合同为要,信守诺言,言必出,行必果,一言既出,驷马难追。

做事的底线

一个人,不管从事什么行业,不管是否专业对口,不管是临时的还是长期的,都应当爱岗敬业。

对待每一份工作,要有敬畏心,要有责任心,要有实干心,螺丝钉的精神最为管用。只有爱岗敬业,你才能认真学习技能;只有爱岗敬业,你才能把每一件小事做到极致;只有爱岗敬业,你才能得到领导的赏识,才能越来越进步;只有爱岗敬业,你的钻研才能越来越精,前程越来越光明;只有爱岗敬业,你才能不断推陈出新,成就非凡事业。

交友的底线

人是群体动物。心理学家马斯洛提出了人需求的五个层次,依次为生理、安全、爱与归属、尊重、自我实现。其中,最基本的需求是爱与归属,表现为人与人交往。

在交友中,要助人为乐。尽可能不给别人添麻烦,看到别人有困难,要主动帮忙。一次帮忙,就能交下真心朋友。帮忙可大可小,雪中送炭、雨中撑伞、明媚微笑、软语安慰。要温暖他人。交往中不是只倾倒垃圾,把你的痛苦交给对方,不管对方的感受。要戒交这些人:三观不正的人、谋财图色的人、利用你的人、有不良嗜好的人。这些人有时带你走向歧途,走向牢狱,让你付出惨痛代价。

善良的底线

《三字经》开篇说:人之初,性本善。作为礼仪之邦,积德行善、乐善好施是中国的优秀传统文化,善良更是真善美的核心。

明代的《了凡四训》提出行善的十个方面,包括与人为善、爱敬存心、成人之美、劝人为善、救人危急、兴建大利、舍财作福、护持正法、敬重尊长、爱惜物命。在生活中,勿以善小而不为,勿以恶小而为之。

提倡善,就要善待天地、善待他人、善待自己。善有大小,改变自己命运的法宝常常是每日行善。人有善念,天必佑之。因为"心宽一寸,病退一丈"。

善能让人快乐长寿。善良助人,赠人玫瑰,手有余香;与善同行,一世福报。

《吕氏春秋·自知》云:"欲知平直,则必准绳;欲知方圆,则必规矩。"不论遇到多少困难,不论遇到多少诱惑,只要心中有畏,心中有戒,守住底线,必会走过寒冬,迎来春暖花开!

自我篇

世界最难的事，
是认识你自己。
然后投资自己，
从而提升自己，
最后突破自己，
达到成就自己。

改变自己

（朗诵：燕子）

红尘万丈，人生风雨。在孩童之时，我们对未来描绘了如诗如梦的图画。如何向着梦想进发？最重要的是勇于改变自己。

改变理念

人生到底怎么过？每个人都有不同的想法：或追求伟大，或甘于平庸，或执着于事业，或沉溺于享乐。

不同的理念锻造不同的人生。不同的思维方式，决定了不同的人生选择；不同的选择，决定了不同的人生高度。

想要改变人生，就要思维升级。工地上盖房子的有三个年轻人，一个想的就是砌墙，一个想的是高楼大厦，一个想的是建设新的城市。思维方式的改变能让你重获新生。

美国青年林肯当水手时运货到南方，亲眼看见了奴隶主贩卖黑奴的场面，感慨道："太可耻了！等哪一天我有了机会，一定要把这奴隶制度彻底打垮。"后来他当上了美国总统，实现了这个伟大的抱负。

曾国藩年轻时就立志做圣人，一日三省，检点言行，律己甚严，成就非凡,被称为"千古第一完人"。

我们常说:梦想有多大,舞台就有多大。不要怕别人的议论,不要在乎他人的眼光,"疯子"有时是天才,"傻子"有时能干成大事。成才的道路有时是寂寞的。

改 变 环 境

环境对人影响巨大。就如一粒种子,土壤是否肥沃,决定它能否发芽,能承受多少阳光雨露,能否长成参天大树。

成功者需要一个好环境。环境包括你的家庭环境、居住的环境、学校的环境、交友的环境、事业的环境。

孟母三迁,是要改变人的成长环境。结交朋友,是要寻找志同道合的朋友。三国时的"桃园三结义"成就了一代伟业。

在当今社会,要慎重选择圈子。近朱者赤,近墨者黑。正如有人说的:与大雁齐飞,目之所及皆是广袤天空;与猪同圈,目之所及皆是贪吃嗜睡。

要明确梦想,修炼自己。选择格局大的人、优秀的人、乐观豁达的人、自律向上的人交往。永远追随胸怀远大理想的人,共立目标,激发潜能,追梦圆梦,无悔一生。

改 变 行 为

生活中有太多人,对现状不满,想要做出改变。但常常是思想上的巨人,行动上的矮子,缺乏行动力和执行力。

要时刻记得,想象有如云游天空、野马奔驰、瑰丽纷呈,却只能感动自己,行动才能改变人生。要想改变,空说无用,既要仰望天空,更要脚踏实地。

改变行为,先从改变自己的习惯做起,要养成一些成功的良好习惯,如勤奋读书、做事专注、坚持不懈、节约时间等。

改变行为,要从小事做起。荀子言:"不积跬步,无以至千里;不积小流,无以成江海。"《道德经》中讲:"天下难事,必作于易;天下大事,必作于细。"

细节决定成败。勿以善小而不为,勿以恶小而为之。注重细节,努力跳出舒适区,逼自己去做那些让你感到痛苦、不舒服但有用的事情。只有行动起来,你才可能拥抱想要的生活。

提 升 自 己

王小波说过:"在这世界上的一切人之中,我最希望予以提升的一个,就是我自己。"人生路上,提升自己,比任何事情都重要。

一个人最大的成熟,就是时刻不忘提升自己。有人说,让自己变得不可替代的方式有两种:一种是做别人做不了或者不愿做的事情;一种是把人人都能做的事情做到顶尖。

当你把时间花在哪里,你的成就和价值就在哪里;如果你把时间花在不断提升自己,就会变得越来越优秀;当机会出现的时候,你才会牢牢抓住,一次次改变你的人生命运。

《了凡四训》上说:"昨日种种,譬如昨日死;今日种种,譬如今日生。"世间万物,变是恒定的,不变是不可能的。世界在变,时代在变,环境在变,人生在变。

你只有勇于改变,专心改变,持之以恒,坚持不懈,才能在成长中蜕变,破茧成蝶,舞出自己的美妙人生。

管好自己

（朗诵：竹林听雨）

玉不琢不成器，人不管不成才。只有善于管理自己的人，才能不断校正人生的航向，绕过暗礁朝着梦想前行。

管理目标

"九层之台，起于累土；千里之行，始于足下。"

一个好的老师，从不会将学生的目标定得过高，而是在现有基础上提升几个名次，这样学生才能达到。好的教练培养选手，一定是从省内赛、国内赛到国际比赛，再到奥运夺冠。

目标过于宏大，拔苗助长，只会适得其反。循序渐进，一步一个脚印，更加科学。

目标是一个系统工程。实现目标不是一蹴而就，需要长久坚持。歌德写《浮士德》用了60年时间；道顿尔每天观测气象数据并记录下来，坚持了50年，写下20多万条的数据，才取得丰硕成果。

罗马不是一天建成的。你的今天，成就了你的明天和未来。

管 理 情 绪

白岩松说:"人生的过程,5％是快乐,5％是痛苦,90％是平淡。"

而我们要做的,就是不要过分放大那5％的痛苦,而忽略了95％的平淡和快乐。

我们阻挡不了坏事情的发生,但要学会转移,改变自己的心境。坏情绪是魔鬼,要做情绪的主人,不要沦为情绪的奴隶,让行为受制于情绪,为一时的失控付出巨大代价。要战胜情绪,理智应对,在纷乱的世界里坚守本心。

只要我们摆正心态,带着好心情上路,一切都会变得很愉快。

管 理 身 体

富贵荣华乃身外之物,平安健康才是根本。

要管理好自己的健康。人的健康是本钱,健康是1,其他都是0。不要放纵自己,不要透支健康,不要无视疾病的信号,"过劳死"就在你的身边。要把运动当成一个习惯。

要管理好自己的形象。要管理好自己的体重。放任自己,只能自食其果。体重暴涨,让你陷入空前的恐惧和过低的自我评价。良好的形象会让你更加从容自信,充满魅力。

管理家庭

美满的家庭是一个温馨的港湾,也是一个加油站,让你在繁忙的工作之余,心灵得到休息,情感得到释放,也是你奋斗的助推剂和动力源。

家是你最需要耕耘的自留地。要有责任和担当,学会和家人沟通。要不断观察,发现问题及时解决,不要等到矛盾爆发,酿成悲剧。要努力付出真爱,身体力行,做好每一个角色。

只有学会爱自己、爱家人,爱生活点滴的温暖,爱人间烟火的美好,才能收获一生的温暖与回报。

管理圈子

我们生活于群体当中,和谁交往,真的很重要。

以利相交,利尽则人散;以势相交,势败则人倾;以情相交,情断则人伤。自己的人品是最大的底牌,也是交往的基石。

对自己的圈子要学会做减法。圈子不要太大,容得下自己和一部分人就好;朋友不在于多少,有取有舍才行。人生有朋友是幸福,有知己是难得,有知心是难求难得。

要结交敢于批评你、给你建议、不断鼓励你的朋友。要远离那些不利于成长进步、可能会让你跌入深渊的酒肉朋友、劣行朋友。

正如村上春树在某次采访中说的:"你要记得那些大雨中为你撑伞的人,帮你挡住外来之物的人,黑暗中默默抱紧你的人……"

管理时间

盛年不重来,一日难再晨。及时当勉励,岁月不待人。

在这短暂的一生里,是过得碌碌无为,还是精彩从容,取决于我们对待时间的态度。浪费时间的人,时间也在蹉跎他。只有懂得珍惜时间,时间才会给你最好的回馈。

一个年轻人曾向杨绛倾诉人生困惑,杨绛听完笑了笑,对那个年轻人说:"你的问题主要在于读书太少,而想得太多。"

如果觉得生活不如意,别总钻牛角尖,多读读书吧。你在读书上花的每一分钟都会在未来的某个时刻得到回报,你读过的每一页书都在默默塑造一个更好的你。

用读书走出迷茫,用文字疗愈自己,用智慧武装生活。真理无穷,进一寸有一寸的欢喜;苦海无边,渡一段有一段的收获。

人生几十载,倏忽天地间。每天都是临时出演的大戏,一切都无法更改。只有清醒认知,设定好人生的目标,掌控住情绪,交往好朋友,经营好家庭,珍惜好时间,有效管理,才有精彩人生。

投资自己

（朗诵：燕子）

人是大自然万物之精华产品。作为产品，就需要规划和投资，好的投资才能得到超值的回报。

投资读书

读书是人世间最一本万利的事情。苏霍姆林斯基说：无限相信书籍的力量。从古至今，国内国外，所有的国家、民族、世人都将读书作为最方便、最有效、最便宜的直接投资方式。

孟母为了让孩子专心读书、学到本领，在孩子很小的时候三次搬家，使孟子成为一代圣人。

宋美龄的父亲早年经商赚了些钱，就将自己的几个孩子都送到美国的名校进行培养，虽然费用高昂，但宋氏三姐妹及宋子文都成为现代史上大名鼎鼎的人物。

读书改变命运。请把钱财、时间、精力终身都投资在读书上吧，读书是永远不会亏待你的。

投 资 事 业

人要想生存,就要有份事业。从学校毕业,需要制作简历、实习培训,面试择业。做个上班族,按部就班、朝九晚五,也需要进行必要的生活投资。

小张、小王同时被录用到北京的一个大公司。开始两人租住在五环外的房子。虽然房租便宜,但每天通勤时间要3—4个小时。小张咬牙换到公司附近的公寓,房租增加了一倍,但时间节省出来,他加班加点工作,又上了补习班,三年之后职位得到了显著的提升。而节俭的小王却每日辛勤奔波,事业发展停滞。

当今时代提倡创业,创业更需要投资。少的要几千上万元,多的要几十万元。创业也可能血本无归,也可能一朝成功。马云也是经历多次创业失败,但他从不放弃,艰难时四处"化缘",终于在阿里巴巴上市后一鸣惊人。而日本的孙正义因眼光独到,给阿里巴巴投下2000万美元,财富增值迅速爆棚。

创业有风险,成功非易事。有志者要有敏锐的眼光、独到的本领,关键时也要下得本钱,才可能有丰厚的回报。

投 资 感 情

人与人感情都是相互的。当你对别人好,就好像一种储蓄,存得越多,得到的就会越多。

雷先生在办好企业的同时,早早就把家里的老房子拆掉,亲自设计，盖起像城市一样的洋房，安上空调，窗明几净，让父母开心生活，老人高寿，这是孝心投资。

小平的嫂子去世了，她把侄子、侄女接到身边，主动承担学费食宿费，两个孩子都学业有成，懂事感恩，这是亲情投资。

对恋人、妻子不管是日常的嘘寒问暖，还是情人节的99朵玫瑰，或是订婚的戒指，或是婚房，更需要投资。投资既是形式也是仪式，更是感情的表达。

对子女的感情也需要投资。投资你的爱心、时间、精力。有人喜欢当甩手掌柜，将孩子丢给老人，只顾工作，缺失对孩子成长的关心，最后彼此疏离，感情淡漠。

一分耕耘、一分收获。一分付出，一分回报。

投资健康

不管你是家财万贯，还是家徒四壁；不管你是达官贵人，还是平民百姓……在健康面前，每个人都是平等的。

人生是场漫长的马拉松。过于忙碌，疲于奔命，饮食不规律，你的身体会发出危险的信号。"过劳死"频现网络，很多青春正好的年轻人突然间离世，让人扼腕叹息。我们说健康是1，没有健康什么都是0，健康是万事之本。

天堂再美，没有人间的"春色"。你有命挣钱，也要有命来花。

万事要看开，世事要明白。多运动、多健身，投资健康，珍爱身体，这是快乐人生的基石。

经营自己

（朗诵：竹林听雨）

每个人的一生，都是经过了万千的阻碍，是机遇与奋斗的结晶。每个人的一生，更不能随随便便度过。会不会经营，对你的家庭、事业、长久发展至关重要。

经营好感情

要经营好爱情。红尘万丈，真爱难求，有缘牵手，要倍加珍惜。夫妻之间的感情要经营，再好的感情也耐不住时间的消磨，耐不住平凡的冲击，耐不住外界的诱惑。要用真诚、互助、宽容、责任、担当"作词"，还要用浪漫、情调、温情"谱曲"。执子之手，与子偕老，何其幸也。

要经营好亲情。与父母亲戚相处，与自己的小儿女相处，更是长长的抒情诗。梁启超经营好自己的家庭，子女大多成才；胡适经营好自己的家庭，他的"小脚夫人"从不识字到会读书做美食，白头到老，赢得了世人的艳羡……这就是会经营。

经营好事业

每个人都要有清醒的自我认知。了解自己能干什么、不能干什么,明确人生目标,准确定位,长远规划。

古往今来,有远大目标的人,他的人生都不会白过。心中有格局,人生有规划,不断挑战自我,发现问题,寻找对策,奋斗不息,终成大事。

晚清的"四大名臣"之首曾国藩,从小就有远大的理想,历经科举落榜六次,最终考取。之后,他立下"学做圣人"的目标,凭着后天的韧性与悟性,终于在军事上和为人处世上都有了长足的飞跃。"大处着眼,小处着手;群居守口,独居守心"。靠一生修身经营,他被毛泽东和蒋介石所推崇,更被后世奉为"千古第一完人"。

经营好圈子

不同的人,生活在不同的阶层与圈子中。圈子是发展的环境,圈子是能量场,圈子有时决定人生。

可能你所处的圈子,限制了你的视野,限制了你的思维,阻碍了你的发展。这时你需要更换圈子,才能帮助你接近成功。

大家都熟知"孟母三迁"的故事:孟子小时候,居住的地方离墓地很近,孟子学了些祭拜之类的事,玩起办理丧事的游戏;其母将家搬到集市旁,孟子学了些做买卖和屠杀的事情;孟母又将家搬到学宫旁边,孟子学会了鞠躬行礼及进退的礼节。孟子长大成人后,学成六艺,获得了"大儒"的名望。

俗话说:龙生龙,凤生凤,老鼠的儿子会打洞。环境及传承的影响不可小觑。荣获2006年英国电影学院奖和金卫星奖提名的《人生七年》是一部纪录片:迈克尔·艾普特采访了来自英国不同阶层的14个7岁的小孩,每隔7年重访,经过49年的观察,残酷的结论是富人孩子的道路比穷人要光明,因为富人享有更好的圈子、优良的资源、明确的人生指导,而穷人的孩子唯有读书更换圈子,才有可能"咸鱼翻身"。

打造好圈子,要学会"断舍离"。对不适合自己的圈子,要勇于舍弃;根据事业发展不同的要求,不断寻找新的圈子。要学会付出、投入、经营,在不同的圈子里如鱼得水。

充电学习及参加商务活动,是发掘新圈子的最佳途径。当事业遇到瓶颈,去学习和结交朋友吧。

人生不设限,接受新的能量,开拓新的思路,攀登新的高峰,打造新的天地!

欣 赏 自 己

（朗诵：富华）

人生有很多看似正确,却常会让我们痛苦的认知理念,比如说追求完美。

在我们很小的时候,父母及老师教导我们要追求完美:作业要完美,工作要完美,形象要完美,婚姻要完美……

我们永远都有一个远方的无法企及的目标:更加完美。

不完美,才是人生

古人说:金无足赤,人无完人。

努力追求科技上、学术上、工作上、做人处事上的完美并没有错。但是,理智地认识和解读完美才是幸福生活的开始。

真正的完美是不存在的。完美之事、完美之人,少之又少。

维纳斯是断臂的,蒙娜丽莎的笑很神秘,军事天才拿破仑个子很矮,大美女杨贵妃身上据说有体味。据说西施有胃病,常常胃痛,才有了东施效颦的由来。

不完美才是人生之常态。不完美才是生活之真实。

对于自己过于苛刻,会让你陷入一种自我批评、自我否定之中:我为什么没有张一的家世、王二的财富、赵三的聪明、李四的智慧、小红的美貌、小玉的人缘……无尽地自责,无尽地烦恼,无尽地追悔。信心越来越小,快乐越来越少,笑容越来越少。

有人有美貌,但妲己祸国;无盐很丑,但才华出众。有人善于考试,金榜题名;有人只有初中学历,却是世界富豪。

其实女娲造人,随心所欲捏出了不同的泥巴形状,这样的世界才有意义。如果都是一个模子,像流水线一样造人,千篇一律,你会感到毫无生趣,同时美失去了对比,也就失去了意义。

春有百花秋有月,夏有凉风冬有雪。

接纳自己的不完美:做错事儿,说错话,长相一般,生活一般,这都是真实的人生。坚信:不完美,是真! 不完美,才美!

学会关爱他人

当我们发现自己不完美,同时也知道其他人同样不完美,就会生出一份同情心和慈悲心。对他人过多地嘲笑讽刺,过多地否定打压,无意中深深伤害了他人。

你看到一个人唱歌跑调、说话时冒汗、服装搭配难看、被老板训斥、被客户投诉,请从内心多一些理解体谅,我们也会犯那样的错。知道弱点,才是我们做回真实自己的开始。

遇到羞怯的人要更加温柔,遇到口吃的人要多一点包容,遇到脸皮薄的人多一点体恤,遇到"路盲症"、"脸盲症"多一些指点,我们都是不完美一家人,彼此彼此。

理解和关爱他人既是一个人的修养,也无形中给他人带来了肯定和希望;认同感和体贴感让我们惺惺相惜,知道人生如海,我们并不孤独,好好活着,彼此温暖,互相守望。

学会欣赏自己

古老的犹太圣贤希勒尔在《父执伦理》中说:"我不为我,谁人为我?我只为我,我为何物?此时不为,更待何时?"

在这个世界上,如果只有一个人爱你,千万别指望任何人,这个人一定是你自己。更多地关爱自己的内心和感受,少责备自己,多安慰自己,承认自己是世界中最独特的一个人!

当你真的爱上自己,爱你的人也会出现,因为人都喜欢和快乐的人在一起。

人生而平等。知道我乃世间凡夫一人,而世界正是由无数的平凡构成的。不要把箭向内射自己的心灵,重点是要发现自己的优点,在心灵里种花种草,由内到外,芬芳整个人生。

要让自己的独特点成为自己的标志。比如说特别善良、慈悲、乐于助人、勤劳、踏实,温柔的声音、柔顺的头发、明亮的眼睛、丰满的体态、阳光的笑容,都会给别人留下特别的印象。这些才是你立世的根本。

有些人过于注重外貌,认为外貌美,心灵就美。差矣!我们从《巴黎圣母院》中既认识了美貌的女子,更让我们震撼的是相貌丑陋的卡西莫多。在网上疯传的《疯娘》一文,疯娘虽然智力有点低,但她对儿子无私的爱却让人感动唏嘘。

著名作家梁晓声在《我和我的命》中说人有"三命":一是父母给的、原生家庭给的,叫天命;二是由自己生活经历决定的,叫实命,三是文化给的,叫自修命。天命有不可违拗的方面,但通过自修命的个人奋斗,就能改变人生的实命。

人不是因为美丽才可爱,而是因为可爱才美丽。只有摆脱了心灵的束缚,冲破条条框框,恣意生长,向四面八方,才会怒放!每一种选择都应该得到尊重。

世界上有多少人,就会有多少条道路。莫问前程,各行其道,生如长河,渡船千艘,唯自渡方是真渡。

欣赏自己。明白在喧嚣的焦躁中,懂得有效地利用属于自己的今生,将仅有一次的人生完整地交给自己。多读书,多交友,多修炼,让灵魂不断地丰盈美满,使自己更加优秀。只要不放弃努力,一定会有更多的好运等着我们。当我们开始欣赏自己,就会找到属于自己的机会。

人生是一场大戏,既有主角也有配角。有人见尘埃,有人见星辰。每一场都演好自己,不辜负自己,绽放属于自己的人生光彩。

活出自己

（朗诵：紫桐）

人的一生，不长不短，几十年的光阴，但不能像浮萍一样无根无目标，随风而去，而应当活出自己，无怨无悔。

心中有梦

我们从呱呱坠地，到我们走进校园，年少时看到听到很多名人励志的故事，也曾激情飞扬，对未来充满憧憬。我们曾经想当科学家、宇航员，想当歌唱家、画家，想当军人、美食家……

随着时间的流逝，现实是把无情的刀，梦想在悄悄地发生变化，我们慢慢丢掉一些不切实际的幻想，走入了生活，逐渐脚踏实地。

但这并不是说我们向生活低头。我们仍然要主宰自己的命运。每个人既要有脚踏实地的努力，也要有仰望星空的诗意。点亮生命的，不是明天的景色，而是美好的希望。夜深人静，梦想犹如一簇微弱的火苗，不为世事烦扰，不被尘土掩盖，在远方深情地呼唤你。

有梦的人是幸福的。梦想是太阳，梦想是光芒，梦想是海洋中的灯塔，梦想是沙漠中的绿洲。因为有梦，哪怕是不被他人认可，再苦再累,你都觉得生活有奔头,活着有意义。

丰 富 自 己

九层之台,起于累土;千里之行,始于足下。

我们在追求梦想的路上,不能赤手空拳,否则无法打败敌人,还可能伤痕累累。聪明的人一定要有所准备。

要丰富自己的知识。读万卷书,行万里路,还要阅人无数。这些能提高你的修养,开阔你的视野,让内心强大起来,明白人生的路怎么走。

要丰富自己的灵魂。心灵过于荒芜、枯燥,没有鉴赏能力,很难对世事人情有准确的把握和判断。经历过人生的风浪,吃过失败的苦,这些都会镌刻在生命里,成就未来的你。

要丰富自己的技能。"天下难事,必作于易;天下大事,必作于细。"要成就大事,就先把小事干好。只有梦想,没有水平,没有能力,犹如痴人说梦,只会夸夸其谈,即便吹出彩色的泡泡,最终也会瞬间破灭。

只有丰盈自己的物质和精神,做好积累与储备,打有准备之战,才能为胜利奠定基础。

执 着 追 求

人生追梦,路途坎坷,风霜雨雪,并不容易。

不要怕世俗的眼光,不要在乎别人的议论,不要听其他人的流言蜚语。心中有路的人,不怕荆棘,心中有梦的人,无惧风霜。坚定自己的目标,不怕苦难,不怕失败,不怕最终结果不如意。

每一棵小草,都有自己的命运,它绿了一片天地;每一朵小花,都有花朵的命运,花开花落,刹那芳华;苍天翠柏,有它们的命运,石缝里生长,绝壁中求生;"梅兰竹菊"四君子,各自孤傲,各有风骨,活出了自己。

司马迁受宫刑后,顶住世人鄙夷的眼光,完成《史记》,成为千古绝唱。杨丽萍不怕世人眼光,追求自己的舞蹈,活成了一个传奇。普通人也有自己的精彩,修篱种菊,晨看朝霞,暮赏夕阳,风中起舞,开心快乐,不用攀比。

当今社会,人的追求和欣赏更加多元,很多不被看好的爱好发明,常常因其独特和创新,更有自己的味道和价值。就像李子柒拍的美食短视频,能轻松俘获全世界几千万人的心。

慢慢地发现自己的爱好,守住心中那份热爱,坚持不懈地磨砺,像工匠打造一件绝世珍品,忍住寂寞,忍住孤独,勇敢前行,等待一树花开,芳香满径,无悔一生!

突破自己

（朗诵：竹林听雨）

人生一世，草木一秋。

如何在短暂的生命中活出自我，绽放最耀眼的生命光彩，既需要天分、努力、积累，更需要不断挑战自我，突破自己。

找到自己喜欢的事情

每个人在一生中，会有很多的兴趣爱好，但经过岁月淘洗，你终会找到最喜欢的事情。

孔子说："知之者不如好之者，好之者不如乐之者。"

爱因斯坦说："热爱是更好的老师，它远远超过责任感。"

因为喜欢，因为热爱，才有激情。不论再苦再难，哪怕豁出性命，你都会为爱坚守。

被称为"00后滑雪天才少女"的谷爱凌，小时候学习过滑雪、钢琴、芭蕾、篮球、骑马、射箭等，而她最喜欢的始终是滑雪。

8岁那年，母亲把她送进美国的南北联盟滑雪队。不管是年龄最小，或是特别艰苦，或是极为危险，或是受伤跌倒，十年间，谷爱凌从不抱怨,从不逃避,宁可挤出时间高效完成作业,也不愿意放弃在冰雪场上飞翔,无比享受滑翔的快感。

因为热爱,愿意付出。即使危险,也乐此不疲。永不言败,永远快乐,并持之以恒。

保持专注地投入

有人以为,天才的人生注定是明亮、顺遂的,仿佛躺着都能出彩。

其实,世界上所有的成功都没有捷径可走。

所谓的成功之路,都是由日常的千辛万苦、单调的重复积累而成,都是由无尽的泪水与汗水"浇铸"而成。

谷爱凌也说:"我的滑雪天赋应该不到0.1%……天才可能是一部分,但更多的是努力、时间、平衡和自律这些生活方式。"

专注地投入,需要时间成本。小时候,当别的孩子在和父母斗智斗勇时,她却和妈妈一同奔赴在滑雪的途中;别的孩子放学后在嬉笑玩闹,她却在训练场挥汗如雨;别的孩子在大快朵颐,她却时常只能在滑雪场的缆车上吃饭;别的孩子在疯狂打游戏时,她却摔得脑震荡。

专注地投入,需要成功的激励。成功不负追梦人。谷爱凌从9岁开始获得第一枚金牌,到18岁获得了50多枚不同赛事的金牌。累积的成功,使她对这个运动更加热爱,并有持续的动力和荣誉感。

专注地投入,并不是盲干。而是需要一定的科学训练方法。她在练习时认真学习,动脑思考。迎战冬奥会期间,有专业的团队进行指导,每项技术、每次训练更加科学量化,这也保证了她能够飞速地进步。

成长,本就是不断跌倒再爬起的过程,在汗与泪的交织中完成蜕变,一步步接近成功和创造奇迹。

不要对自己设限

对于成功规律,社会上有一些通俗的总结,这固然代表了一种普遍定律,但并不能适用于所有人。

作为短跑运动员,通常在二十七八岁就会考虑退役,很少有人过了30岁还在继续跑,并且能出好成绩的。

苏炳添也一度相信28岁就是该退场的年纪了。他希望在2017年全运会拿到百米金牌后,光彩地结束自己的职业生涯。因为受伤,他与金牌失之交臂。

面对巨大的人生遗憾,他不甘放弃。经过思考,他想打破年龄魔咒,挑战自己。

经过科学训练,苏炳添成为第一位突破10秒大关的亚洲本土选手。在2021年东京奥运会男子100米决赛上,他取得了9秒83的成绩,打破亚洲纪录,更是突破了9秒85这一曾被认为是黄种人的百米"极限时间",成为"跑得最快的亚洲人"。

他不仅赢了对手,赢了时间,更赢了自己。

谷爱凌在2022年冬奥会自由式滑雪女子大跳台决赛中,第二跳结束时,以第3名成绩进入第3轮比赛。

妈妈曾建议谷爱凌以稳为主,用1440转体动作拿下银牌。但喜爱挑战的谷爱凌,想展现最好的自己,于是决定突破极限,挑战1620

转体。

最终,谷爱凌凭借超常发挥,顺利完成了1620的高难度转体动作,获得了94.5的惊人成绩,以188.25的总分,逆风翻盘,不仅夺得金牌,还创造了新的纪录。

谷爱凌在接受采访时激动到哽咽:不为了输赢,而是为了挑战自我。我的动作从来没有女孩挑战完成过。

只要敢想,就有奇迹。强大的自信、坚韧的勇气、乐观的心态,在关键时刻,抛掉一切杂念,奋力一搏,创造奇迹。

做最好、最真的自己

人的潜能有多大?可能与不可能一直困扰我们。

在人生成长的路上,我们会面对内心对自我认知的解放,还要不断与外界习俗观念进行斗争。

设限的人生,人为设定了一张天花板,限制了智慧和才能。

不设限的人生,会激发强大的好奇心、持续的动力、永不言败的坚毅力,加之科学的方式方法,不断突破自我,就拥有无限可能,就有成功的那一天。

无论是何种姿态,只要心怀梦想,积极乐观,勇于尝试,不断超越,做最好、最真的自己,人生就会光芒万丈。

放过自己

（朗诵：金竹）

我是谁？我能干什么？我如何度过一生？

这是哲学问题，更是人生问题。这些问题萦绕在每个人的内心，伴随着我们的一生。

认识自己

在希腊的雅典城里，有一个阿波罗神庙，门楣的石板上刻着一行字：认识你自己。

这是人生百年之问。每一个人都是一个独立的个体。"尺有所短，寸有所长"；认清自己，谈何容易。

认识自己，要先了解他人对自己的评价，再自我评价，经过综合评判，得出一个相对客观的看法。

有时候，可能别人对你评价过高，如亲戚朋友出于善心，可能让你自我膨胀；评价过低，又会导致过于自卑。有时分不清，真实的自己到底有几斤几两？

找准位置

当今社会,人潮汹涌,竞争激烈;能者上,庸者下。

在各种场合,你都有不同的位置。在工作上,你有时是主角,有时是配角;在家庭中,有时是儿女,有时是父母,有时是姊妹;在社会上,有时是参与者,有时只是看客。

找准位置很重要。是主角时,就要在舞台上发挥才能,彰显水平,发光发彩,让社会认可。若是配角,就要调整好心态,当好绿叶。

平台也很重要。有的人错把平台当本事,以为自己在某一个平台水平很高,呼风唤雨,结果离开平台,自己创业,一败涂地,最后才发现,自己实际上什么也不是。

认识到社会的残酷,就应当冷静自处。经过摸爬滚打,正确地找准一个位置,在这个位置上辛勤耕耘,努力发光发热。

接纳自己

人生有很多看似正确、却常会让我们痛苦的认知理念。比如说追求完美。从小到大,我们追求作业要完美、工作要完美、婚姻要完美、形象要完美……

但完美之事、完美之人少之又少。不完美是人生常态,不完美才是生活的本真。

对于自己,过于苛刻,常会陷入自我批评、自我否定,无尽地自责、追悔,结果信心越来越小,快乐越来越少。

我们要向大自然母亲学习。每种花都有不同的绽放时刻,每棵树都有自己的一方荫凉,每片小草都绿了一片土地,自由自在,随性自然。况且,花无百日红。一年有春夏秋冬。

接纳自己的不完美,明白我们都是芸芸众生中的一分子,有属于自己的命运和生活,不对抗,不逃避,平和地看待一切,就是走向成熟。

放过自己

子在川上曰:"逝者如斯夫,不舍昼夜。"

毛泽东说:"三十年河东,三十年河西。"一个人的一生,不可能永远是轰轰烈烈的辉煌,更多的是平平淡淡的柔美。

人生的下半场,活出平凡真实的自己最重要。

要学会放过自己。做到三不说:勿说辉煌,好汉不提当年勇。昨日辉煌已过,岁月老去,英雄迟暮;勿说遗憾,无论是撞得头破血流,还是未了的心愿,一切都是命运的馈赠。勿要攀比,人比人气死人。越比,烦恼越多。让过去随风而去。

成年人的世界里,过得去是故事,过不去就是事故。和命运和解,不再纠结,活在当下,把每一天都当成人生的"最后一天",你就会更加关爱自己,知足常乐。

善待自己

犹太圣贤希勒尔曾经说:我不为我,谁人为我?我只为我,我为何物？此时不为，更待何时？

在这个世界上，如果只有一个人爱你，这个人一定是你自己，当你真的爱上自己，爱你的人也会出现，因为人都喜欢和快乐的人在一起。

珍爱自己，追求幸福。美国积极心理学之父马丁·赛利格曼说，人的幸福有五种，包括感官的愉悦感受、成就感、做喜欢并擅长的事、温暖而持久的亲密关系、帮助他人。前两种是短期幸福，幸福感一旦获得，就会开始变质；后三种是长期幸福，值得我们一生努力去追寻。

当你在20岁时，以为"上天可揽月，下海可捉鳖"，奋进高歌，一切皆可为；但到了30岁，知道生活的艰难，在一个岗位就想努力干好；到了40岁，发现再努力，你的进步发展空间都很有限，时常纠结，自怨自叹，对人生产生怀疑；到了50岁，夕阳西下，知道万事有可为，也有不可为。

努力过，拼搏过，人生下半场，平凡之路才是康庄大路。

正如韩寒、朴树在《平凡之路》的歌词中写道：

"我曾经跨过山和大海，也穿过人山人海，

我曾经拥有着一切，转眼都飘散如烟。

我曾经失落、失望、失掉所有方向，

直到看见：平凡才是唯一的答案。"

余生，让我们在平淡的日子里演绎平凡的自己。快乐为本，修心养性，用一颗平淡的心克制欲望，留下一份热爱给平淡生活，借平淡的杯盏啜饮人生的美酒。

治愈自己

（河南大学出版社）

人乃万物之精灵，有血肉之躯，食五谷杂粮。自然会感冒发烧，小病小灾不断。

心是个口袋，装一点时叫心眼，多装时叫心计，装更多时叫心机，装得太多就叫心事。

人们常常执着于眼前的功利，执着于生活的琐事，执着于无果的爱情，结果迷失自己，不堪重负。

多苦少乐是人生的必然，能苦会乐是人生的坦然，化苦为乐是智者的超然。

有人说，世上没有不带伤的人，只有不断痊愈的心。带着伤口奔跑，才是人生常态。我们要做的，就是学会给自己当医生，一边受伤，一边治愈，一边成长。

自知：勇于正视自己

人生不如意，十之八九。既有春和景明、艳阳高照，也有狂风暴雨、严寒酷冬。

老子云:知人者智,自知者明。人贵有自知之明。人唯有自知,向内审视自己,发现"未病",才能及早诊治。

每个人感知外界的反应不一。有的人十分敏感,天气的变化、工作学习环境的改变都会引起身体心灵的强烈反应。

如受到冷遇批评、嘲弄讽刺、排挤打击、考试失败,就情绪低落、心情沮丧、没有食欲、痛苦流泪,甚至想逃避放弃,想伤害自己。那就是"生病"了。

不管曾经历过什么样的伤痛,先从内心深处坦然地接受。不排斥,不消沉,多想想如何面对。自知是看病的基础。

自诊:不能讳疾忌医

面对身体释放出的一系列信号,自诊时需要弄清楚,病是短时的,还是长时间累积的;仅仅是表象,还是已入骨髓。

扁鹊第一次晋见蔡桓公,说:"君王,您的皮肤间有点小病,不医治的话,恐怕要更厉害了。"桓公不理。

十天后,扁鹊第二次拜见桓公,说:"君王,您的病已经到了肌肉里。"桓公不高兴。

又过了十天,扁鹊第三次拜见桓公,说:"君王,您的病已经到了肠胃中。"桓公不理。

过了十天,扁鹊看到桓公,转身就跑。因为他的病已入骨髓,无法医治。桓公很快死去。

现在心理疾病越来越多。有些病是原生家庭种下的病根。父母不称职,有意无意地伤害;进入职场,压力加大,病情加重。

起因可能只是一些负面事件,或者对自己要求过高,或者是受到外界打击,负面情绪犹如洪水,没有倾泻渠道,不断累积,最终水漫堤坝,淹没自己。

每个人都应当学一些心理知识,及早发现病情,积极主动干预,自己治疗。如果严重了,必须要去寻找专业的医生。

自救:多疗法并用

我们总是把别人安抚得很好,轮到自己,就失了分寸。

在这个世界上,没有人比你更了解你自己,谁不是一边崩溃,一边学会自愈。有人说:人生就是不断说服自己,再好好陪陪自己。

陆小曼说:"随着日子往前走。"这个世界上没有不带伤的人,无论什么时候,你都要相信,真正治愈自己的,只有自己。不去抱怨,尽量担待;不怕孤单,努力沉淀。

治愈自己的方法很多,要主动寻求行为改变:

多读书。苏霍姆林斯基说:无限相信书籍的力量。当你陷入迷茫痛苦时,读书能让你增长知识、开阔思维、心灵顿悟,这是一种最实用的好方法。

多交友。当你痛苦的时候,需要强大的后援和心理支撑力量,你不要封闭,主动结交朋友,多交几个知己,通过倾诉,朋友给予情感的宽慰和理解,能帮助你走出低谷和困境。

多运动。伏尔泰曾说过:生命在于运动。当你深陷负面情绪时,运动是治愈的一剂良药。通过暴走、跑步、唱歌、跳舞,运动出汗,多巴胺能有效缓解不良情绪。

多感受。不妨去菜市场逛逛,感受市井生活的趣味。汪曾祺曾说:看看生鸡活鸭、鲜鱼青菜、碧绿的黄瓜、彤红的辣椒,热热闹闹、挨挨挤挤,让人感到一种生活乐趣。

多去爱。有人说,当你失恋时,时间能治愈一切,同时开始另一场爱情吧。爱自己,爱他人,做慈善。爱是有回响的,他人的需要与感激,让你体会到生命的价值。

多倾诉。当你痛苦时,大脑和心灵都是糊涂的,有些人喜欢写日记,不断剖析自己,慢慢理清思路,开导自己,达到自救。文字本身就是一种宣泄的方式。会放下的人,才真正懂得生活,才会活得更洒脱。

行为改变理念。一旦你启动了新的行为模式,只要坚持一段时间,就会迎来华丽的蜕变。

加缪有一句名言:我并不期待人生可以过得很顺利,但我希望碰到人生难关的时候,自己可以是它的对手。

你受的苦、吃的亏、担的责、扛的罪、忍的痛,到最后都会变成光,照亮自己,照亮你的路。

职场篇

职场如战场。
大事要清楚，
细节很重要。
智商加情商，
事业更辉煌。

大学生就业难,帮您支几招

(河南大学出版社)

2022年,全国高校毕业生超过1000万人。但是,受新冠疫情的影响,全球经济低迷,企业经营困难,效益下滑。在这样的大背景下,就业遇到了较大的困难。

就业难,难在哪儿

就业难,表现出几个不对称的现象:

一是政府急。国务院确定了"六稳"、"六保"的目标,其中就业均是排在第一位的。

二是家长急。对待就业,很多家长比孩子急。在招聘会上,你会发现一个独特现象,一些家长偷偷带着孩子的简历,折成几叠放在兜里,偷偷地跟招聘单位说,看我孩子符不符合条件,你们能不能给孩子打个电话让他来面试?

三是用人单位急。有些用人单位急需招用人才,但没有多少人合适。当然,有些单位动辄要求博士、硕士,有工作经验,门槛过高,但也有双方差距过大问题。比如,某保险公司去一所大学招聘15

人,投简历的人有百十个,但最终经过面试,双方确认只来了3个,占比3％。招聘人员说这比上一年更好,他们去一所211大学,开现场会时学生有600多人,结果最终只用了6个人,是1％。招人难!

一家乡镇农业开发公司急需专业技术人员,但招聘遇到困难。在蔬菜大棚产业,只要你想干,每一天按日结算,80－100元左右,有很多岗位,但也经常招不到人。

四是有些就业者不太急。对求职者来说,出现了几个情况:

不就业。据统计,某省高校毕业生中暂无就业意愿的人数不断攀升,几乎占到未就业总人数的一半。一部分学生本科或专科毕业后,还想继续深造,专心致志在家或去培训班复习,准备升本、考研、考博,这些人是不就业。

慢就业。现在毕业生父母以70年代人为主,多是独生子女,家里的经济条件相对好一些,孩子就想找自己喜欢的工作,找不到宁可不就业,反正家里也不缺他这一口。

难就业。就业者的要求和市场有巨大的差距,有想找机关事业单位图稳定的;有想找知名大企业、大平台的;有希望能坐在办公室当个白领的;有想找高薪的(现在的学生期望值是在7000—8000元);有想找福利待遇好的,包括能不能交五险一金,能不能提供食宿;有想找自己喜欢的新业态工作的;还有不自信、担心工作有难度、害怕挫折失败的……

就业市场明显出现了严重的两极分化现象。

有些基层及私企岗位有岗无人,有些岗位一岗难求。

换个思路天地宽

面对就业的新情况,在此给刚跨出校门正待业的毕业生提一些建议:

第一,要准确进行自我定位。每一个人,他的学历、学校、个人的能力、家庭状况都不一致,不能攀比。要根据自己的情况确定自己是否必须马上就业,要确立自食其力的理念。已经大学毕业了,再苦再累都不要依赖父母。

第二,要转变就业理念。生活的本质就是这样,你想要什么它偏不给你什么,摆脱这个死循环的办法只有一个,给我什么就用好什么,出者存,困者亡。就业并不是像结婚一样,一定要千挑万选,即便结婚现在也没有"终身制"了。就业是以合同为限,你喜欢的工作可以干得长一点;如果你不喜欢,合同可以短一点。不要想着一次就业定终身。对于初次就业的工作,思路可以宽一点,心态平和一点,先找个岗位干着,积累实习经验,尽快融入社会,这很重要。

第三,要降低福利待遇期望值。我们经常看到一些媒体上报道说毕业生的理想薪酬是7000—8000元,但当你走入职场,即便是在机关事业单位也只有一半,有些单位大概一开始给的只是3000元左右。不切实际、不符合市场的薪酬会成为就业的第一道拦路虎。如果学生在面试当中提出过高的薪酬待遇,有些海归学生要求一两万元,供需双方很难达成一致。要求提供食宿的,也不是所有企业都能做到的。

第四,要顺着市场走。市场现在需要什么样的岗位?哪些有发展前景？我们传统的一些专业，比如说文秘、市场营销、工商管理等，已经"饱和"，就业困难。这时候你就不要以专业对口为主，而是以市场需求为主，经过一定的培训上岗就可以了。在大学主要学的是基本知识和技能，80%的新知识是毕业后在新岗位学到的，要认清新时代终身学习的新要求。

第五，要有勇气敢拼敢闯。现在的独生子女大多从小是在糖罐子里长大的，一些同学有一种就业恐惧心理，害怕不会干，害怕干不好，缺自信，怕挫折。因此，就要坚定信心，树立敢拼敢闯的精神，不要怕尝试。失败是成功之母。青春是用来奋斗的。

现在有一些新业态，如网络主播、直播带货、网约车、网约跑腿、互联平台外卖、快递物流、人工智能、物联网、大数据、云服务等，据有关资料显示，去年全国大概有400万人在这种新经济中，直接带动了约7800万人就业。

这些新业态现在也颇受一些年轻人的欢迎，工作自由，时间自由，多干多得，一个月的收入在8000元左右，好的有一两万元。

还有就是去私营企业就业。有一个私企想借疫情期间多招点人才，报名的有十几个人，经过筛选后确定了三个候选人，结果在面试前一个多小时三个人全部打电话，找了很多理由拒绝。这说明大家对于私企的社会地位、不稳定性等还有很多顾虑。

但是，在我们国家改革开放40多年的发展历程中，私企已经撑起了半壁江山，现在看到的发展比较好的如百度、阿里巴巴、华为都是私企，所以并不是说私企就没有前景。私企在就业方面更是撑起了超过一半的就业岗位。很多私企老板也是有理想、有情怀、有现代理念的人，这里也可以干出一番大事业。

就业乃民生之本。

一人就业,全家安心;人人就业,社会稳定。

自己有一份工作,你才可能谈到事业、谈到爱情。所以,要按照市场的变化,调整自己的心态,勇敢走出去,在风雨中锻炼成长。

有志青年既要仰望星空,又要脚踏实地。

是千里马,就要驰骋赛场;是真金,就会磨砺闪光。

"考碗"一族,你准备好了吗

(河南大学出版社)

就业乃民生之本。面对严峻的就业形势,一些人选择报考公务员,竞争更加激烈。面对即将到来的考试,作为考生一员的你,做好以下准备了吗?

一是思想上的准备。和一些考生聊天,发现准备考试的人大概有以下几种情况:公务员是我的最爱,我的人生目标就是考公务员;现在有工作,但不满意,想通过考试换一个更稳定的;打酱油,别人考,我也考,省得父母唠叨;反正就业难,现在也没有心仪的职位,我先报这个试试……

想法不同的人会采取不同的应对策略:有的人会全力以赴,在线下或线上报培训班,或者自己认真学习;有的人抱着试一试的心态完全不准备;还有一类人虽然也准备了,但时间紧张,那就抽空看一看,聊以自慰。不准备、打酱油、随大溜、偶尔学习一下的人,成功的概率不大。

在今天,考公务员比高考竞争压力大很多。只有明确目标,调整心态,全力以赴,才能奠定成功的基础。

二是内容上的准备。公务员笔试时间一天,内容主要有两部分,上午是行政职业能力测验,120分钟;下午是申论,150分钟。毛泽东说不打无准备之仗。要想取得优异的成绩,就必须进行充分的准备。这里推荐一些简便的学习方法:

模拟。所有考生都应当严格按照考试的时间,上午、下午选取一套过去考过的试题进行模拟。要严格卡准时间,如身临考场一般。根据标准答案计算得分,对自己有一个基本的评估。如果分数比较低,说明自己的层次比较差,分数相对高一点,也要对比去年同岗位的录取最低分,明确差距。

分析。根据标准答案,分析自己在不同模块的得分情况,进行列表,满分多少,得分多少,失分的原因是什么?哪些能够进行补救?在时间利用上也可以进行分析,如果在规定时间只答了很少的题,那么说明你答题的速度太慢。未答的题占比多少?不同类型题目花费的时间是多少?比如说数量分析、资料分析等,如果占用了很多时间,但得分少,说明相关内容基础比较差,时间应用不合理。通过分析,明确下一步学习的重点和努力的方向,对一些花费时间多、得分少的题要进行一定的取舍,把精力调整到更容易提高分数的内容上。

刷题。行测内容包罗万象,上至天文、下至地理,时事热点、科技、法律,什么都有,要想在短时间寻找题目的特点和规律,提高正确率,提高答题速度,最好的方法就是多刷题,在规定时间内通过刷题发现问题,有针对性地练习纠错,提高每一次的分数。

攻关。通过刷题对于自己的弱项进行分析评估,是马虎或者记忆不牢,是没见过还是无方法技巧,再通过专门的学习提高,如网课中的特定内容、线下的课程集中讲解、同学间的沟通交流、高分过关考生的指点,去重点攻关,对于发现的问题不断纠正,下次在相关或类似的问题上,就可以有效避免错误。

提升。学而不思则罔,思而不学则殆。要不断练习,分析总结,悟出规律,有效提升。比如,申论考试前几部分主要是总结归纳,你可以提炼一些方法:如何阅读资料,如何提炼观点,如何综合归纳,如何语言精练、准确表达?作文如何突破平庸,进行突破与创新?如何想出有新意的标题?如何写出让人耳目一新的开头与结尾?主体论述怎样选取有效的理论论证、事例论证、数据论证?你有什么内容储备?过于平淡、司空见惯、千人一面,不可能脱颖而出。可准备一些名言警句,准备一些有时代感的接地气的例子,学习运用排比列出小观点等等。还要进行文字书写的练习,有些人字很难看,有些人天天打电脑,提笔忘字。你写几篇文章,再对比一下优秀的范文及同学的文章,学习的针对性强,阅读更有效,提升更明显。

三是时间上的准备。时光飞逝,时不我待。面临考试,每个考生都要有紧迫感,做好四坚持:坚持列出时间表,倒排日期,制定学习的目标计划;坚持每日练习,日日学习提高;坚持广泛地阅读大量资料,收听晚间新闻,拓宽视野;坚持有意识地积累一定的素材。

考试前一两天要围绕考试做些准备:不要出去聚餐吃饭,确保身体好精力好;准备好准考证、身份证,总有考生丢失或找不到证件;认真阅读准考证上的要求,做好落实;提前看一下考点,熟悉路线;考试时一定要提前到达考场,不要过分慌张;中午要尽可能休息一下,头脑会更清醒;要平和冷静,看清题目,专注答题;要坚持到底,不要轻言放弃。

习近平总书记说:"青春是用来奋斗的。"任何一个人的成功背后都一定有艰辛的努力、辛勤的汗水,拼搏是人生的代名词。

  只有耕耘,才有收获。愿你把握生命里的每一分钟,全力以赴心中的梦;不经风雨怎么见彩虹,专注投入才能成功!

成功总是垂青有准备的人

（河南大学出版社）

韩愈在《进学解》中写道："国子先生晨入太学，召诸生立馆下，诲之曰：'业精于勤，荒于嬉；行成于思，毁于随……'"这篇文章一千多年来代代相传，其传达的思想历久弥新。

它说明一个道理：一个人的成功是靠勤奋努力、不断思考钻研得到的，而不是心血来潮、一朝一夕之功。

而竞争上岗与一般的考试不同，不是简单背诵记忆，更多是测试水平与能力，同时还要有民主推荐及测评环节。因此，要想在竞争上岗中取胜，加强多方面的综合素养十分重要。

在这里，有以下几条建议。

积 累 知 识

俗话说：老师要想给学生一杯水，自己要有一桶水。要想在笔试与面试中取胜，就要博览群书，做好大量的知识储备。这里的知识主要指基本理论知识及业务能力知识，既有政治理论方面的，又有历史人文的；既有书本的，又有现实生活的；既有国内的，又有全球的。

"考试大纲"中对此内容都有明确的要求,并有具体的知识点,只要平时多看书,多学习,多做题训练,一定会不断提高个人的知识素养。同时,这几年在面试中出现了一个新特点——与时俱进。考题内容除涉及较为系统的知识点外,还常常结合当下的社会热点问题,从中我们感知到面试非常注重时效性。这就要求参加者不能死读书,要多学习当下的政策文件,如国家的长期和中期规划、国务院政府工作报告、党的重要报告等,做到一学、二思、三用。通过对理论政策知识的学习,逐渐积累理论素材,才能提升政策水平、理论水平,并确保知识的准确性。

积 累 能 力

竞争上岗突出的特点是测评领导者应该具备的各项能力。这些能力不是纸上谈兵,而是与具体业务工作紧密相关,体现在平时工作中的。例如,分析问题解决问题能力、创新能力、思维能力等体现在平时的工作思路及计划中,而计划组织能力、协调能力、人际交往能力体现在日常活动与处事中。所以,每一位竞岗者要自觉在工作与生活中有意识地不断提高各方面的能力,查找不足,不断改进,加快提升。

积 累 业 绩

竞争上岗对不同级别的参与者除了有学历、年龄、资历的要求外,对工作业绩有时也有一定的量化要求。例如,获得年度考核优秀、先进工作者、行业奖励、发表文章等有时也可折合一定的分数计入总成绩。因此，在平凡岗位上争当先进、业务工作勇争一流十分重要。

积累口才

竞争上岗面试环节个人的表现与口才有一定的关系。有的同志能干不能说，或能写不能说，"茶壶里煮饺子倒不出来"十分吃亏。大家可以在工作中任何需要讲话的场合加强训练，同时多看谈话评论型节目，如电视台的《焦点访谈》《新闻直通车》等栏目，学习主持人及讲话者镇定自若的神情和咬字停顿的方法，学习他们说话的语速、神情、状态，甚至必要的手势，这些都对面试有很大的帮助。

积累人缘

陈景润关起门来，不与他人"接触"，潜心研究哥德巴赫猜想；乔布斯可以通过发明最新的手机赢得市场与成功。与搞技术、发明不同，在机关或事业单位工作的人，每一次成长与进步都离不开领导的发现与重用、同事的支持与理解、朋友的帮助与指导。目前，民主推荐及民意测评成为竞争上岗工作中的一个重要环节，搞好方方面面的"关系"，储备较好的"人脉"非常重要。而这些"关系"不是临考前一个"电话"或一个"短信"就可以搞定的，要多参加各种活动，多寻找机会展示自己、宣传自己、推销自己，多让大家了解自己，才能赢得更多支持。

总之,竞争上岗的成功非一日之功,乃是一项"综合工程"。只有全面提升自己的知识、能力、修养、业绩,并得到大家的认可,才能通过"竞争上岗"这种形式,实现自己的目标与理想。

俗语说:宝剑锋自磨砺出,梅花香自苦寒来。

记得有一句歌词唱得好:没有人能随随便便成功。

一个人的成功是靠不断的积累:积累知识,积累能力,积累经验,积累口才,积累业绩,积累关系,积累人缘。

只有勤奋耕耘,才可能有收获。

高分申论大作文要体现"八好"

（河南大学出版社）

在公务员笔试考试中，申论作文常常让很多考生感到迷茫。原来基础好的考生作文很好，问题不大；还有一部分考生期望在短时间内得到迅速提高，报了很多培训班。实际上写出一篇好的作文需要一定的积累，它并不是一蹴而就的。

写好申论作文，就要分清申论作文与高考议论文的相同与不同。相同点是它们都是议论文体，不同点表现在材料的限制及思维的限制上。首先是材料的限制，申论要参考给定的材料，依据材料、遵循材料、源于材料、高于材料，写作的过程中总分论点必须源于材料，文章主体部分必须体现出对给定材料的提炼、概括、加工、升华。申论更强调发现问题和解决问题的实际能力，具有较强的综合性和现实针对性。在思维层面考生必须是政府思维，站在政府角度来分析问题和解决问题，替政府立言，不能只说一家之言。

俗话说，"不经一番寒彻骨，怎得梅花扑鼻香"。要想在申论作文中获得高分，我认为应该做到"八好"：

第一是立意好。申论作文常常是给定一些材料，并指定围绕某一段材料进行写作。所有的材料，哪怕再短，它传达的信息都是多方面的,你可以从不同的角度来解读、分析、提出对策。有些考生平时阅读文章少,不善于思考,思路狭窄,只会见山说山、见水说水,见黄河只会说:黄河啊,你咋那么黄?实际上你要来个头脑风暴,进行发散思维,根据同一材料的不同细节,列出三四个不同的主题,根据你对材料的概括和理解,确定哪一个较有新意,立意深刻独到,这样才能决定你文章的起点高,从根本上奠定你作文高分数的基础。例如,2019年公考的申论材料内容比较丰富,考生可以从多方面进行立意:可以从交通角度来讲,有道路交通、通信交通、人际交往,不同的交通可以再深度挖掘;也可以从封闭与开放来进行论述;还可以从民族外在精气神儿的角度论述等。

第二是标题好。有了好的立意,就要通过一个好标题呈现。有些考生喜欢用最通俗、最简单的方式,从材料中直接找一句话作为标题。如果考试要求统一标题还可以,没有要求就可能万人多题。有些标题过于俗气,没有新意,改卷老师司空见惯,看到的只是重复,索然无味。如有的申论材料可以拟定不同的标题,如:《与世界相交,与时代相通》《走出封闭,与世界相交》《开放,让我们拥抱美好》《走出去,邂逅美好明天》《流动的中国,活力的中国》《交通之美》。

第三是观点好。我们说有好的立意,相当于我们要有一个总观点,那么为体现这个主题,按照议论文的要求,必须要有若干小论点来支撑,可以围绕给定材料进行分层归纳。小观点或论点一般是在每一段落的首句,考生不要写一堆文字后,老师还不知道你要表达什么,也没有时间必要替你归纳。好的分论点要简练,对策要有一定的建设性和文采,可以采用排比的方式表达,更加突出。仅以《交通之美》为例列出以下小论点:

"点题说明'交通'的内涵"。

"走出自我,沉淀阅历和气质"。

"与时代同频,乡村才有诗和远方"。

"与世界同呼吸,明天才能更加美好的"。

第四是论证好。一个观点或者用理论论证,或者用事实论证,或者用数据论证、举例论证、正反论证等,考生在论证的时候最好结合给定的材料,进行一定的扩充,可选取古今中外的例子,增加历史厚重感,同时也要选取较新的有时代特色的例子。同样是阐述励志,你可以选择雷锋、张海迪、保尔等,但因为大家太熟悉了,缺乏新意,不如选择马云、姚明、黄文秀、李子柒等。同样是数字论证中国对外开放带来的发展,如果你选择老旧的数字,不如选择我们国家GDP的数量变化、世界排名的变化、新的四大发明、港珠澳大桥的长度深度。同样是脱贫奔小康,你最好精准到我国现在有多少个贫困县、多少个贫困户,集中在什么地方,河南的情况如何……这些独特精准的数字都会增加你的说服力。

第五是结构好。考生写文章,要有明确的主题、清晰的观点,要像搭房子一样通过分行分段建好一个结构框架,分论点就是重要的几个"立柱"。有的考生喜欢写长文章,总共就弄了两大段,这不行,至少是要有三四个"立柱"才能支起房顶。每一点分一段,每一段再举例说明。考官看起来层次清楚,一目了然。

第六是语言好。任何一篇高分作文,如果你的语言平淡、死板,总是抽象地论述,没有特点,味同嚼蜡,就会让人毫无兴趣。你呈现的应当是色香味俱全、令人胃口大开的精美套餐。大家可能都读过很多满分的高考作文,我们都被考生的精彩语言所折服,博古通今、历史、现实与未来。唯有如此,才能建立起真正的文化自信、道路自信,让澎湃豪迈的中国之声传递到无穷远的地方。与世界相交,与时代相通。

结尾二:路漫漫其修远兮,吾将上下而求索。发展未有穷期,在路上,脚下也许会有泥泞,但前方必定是美景。高歌一曲对顽强生命的赞歌和对生活的颂歌,以求索的心态,以开放的姿态,用"动"让一切保值增值,让假想变成现实。

第八是书写好。有些考生写的字很小,或者像蚂蚁,或者如蝌蚪,自己看着都着急,考官在短时间内很难细细地研读每一篇文章,重点看标题、开头,好文章细看,看不清的不会拿放大镜,也就重点看小观点和论据,一目十行。如果你的字迹清晰、悦目,考官短时间内能迅速了解你的内容和水平;如果你的字迹特别潦草或者错别字连篇,或斜或歪,一片混乱,让人难有耐心读完,就会"耽误"了前程。要把握好人生机会,一定要尽可能写清字,提前在有格的稿纸上练习,让人觉得舒展清晰为好。

围绕一段材料,写好一篇文章,对比好的范文,细细揣摩分析,发现优势与不足,不断调整和修正。

努力,努力,再努力!加油,加油,再加油!

诗意盎然、纵横自如、文采飞扬,精彩的论点穿上了"亮眼"的"衣服",可以给人更多的美感和愉悦。申论作文的语言也要克服呆板,增强活力。

第七是开头结尾好。古人说"文似看山不喜平"。明代谢榛在《四溟诗话》中说道:"起句当如爆竹,骤响易彻;结句当如撞钟,清音有余。"虽然申论不比诗歌、散文丰富,但开头要挑起阅读欲望,结尾要让考官频频点头,或者引用新奇,或者立意不凡,或者深刻高远,这样的开头结尾才能引人注目。以下内容选自2019年公考申论网络文章:

开头一:《管子》有云:"山川涸落,天气下,地气上,万物交通。"意思是说,山川湖海、天地万物本就是紧密相连、互相融通的。而从另一个层面来说,历史与现实、过去与未来也同样是不可割裂、不可孤立的一个整体。只有与世界相交,与时代相通,才能让一切保值增值,才能更添赋流通之美。

开头二:凡益之道,与时偕行。由古而今,凡成大事者,无不是审时度势,紧握时机,锐意进取。若无哥伦布的主动求索发现新大陆,何来今日的美洲一说;若无秦国适时任用商鞅变法图强,何来而后天下之一统;若无国家高瞻远瞩提出改革开放的基本国策,何来今天中国第二大经济体的大国地位。于个人而言,走出自我的时间、空间,能打破偏执与狭隘;对国家来说,开放的姿态,与时代同呼吸,与世界共命运,才能迈向美好的未来。

结尾一:纵有千古,横有八荒。联结世界,融入时代,彰显着改革与开放的价值,体现着活力与自信的姿态。中国的发展,需要在世界的尺度上,把握住交锋、交流与交融;也应当在时间的轴线上,串联起

面试"滑铁卢"的六大原因

(河南大学出版社)

面试是一场大考。考生在紧张的应考之后,一些人成功梦圆,一些人铩羽而归。

考生在伤心、痛苦、沮丧之余,有必要分析一下面试失败的主要原因,以便吸取教训,来年再战。

未及时到达考场,无缘面试

每年不论是笔试还是面试,总有一些学生粗心大意,或是起床晚了,或是路上堵车,或是丢失了相关证件,在规定截止入场的最后时刻还没有到达现场。这时,你会看到一些考生对考场工作人员大声解释、争辩,甚至痛哭流涕,说这是自己人生最重要的一次考试,请求给予通融让自己进入考场。

但同情归同情,规定是规定。

规则面前人人平等!

在人生如此重要关头,这个教训实在是让人痛心疾首。

心态不好，过于紧张

一些考生进入考场，看到有些考官表情严肃或紧蹙眉头，就心生恐惧，过于紧张，影响了发挥。面试考生因为刚开始的一点点不完美，就责备自己，胡思乱想，以至于没办法听清题目，结果一定是万分后悔。

正确看待，心态平静，勇于面对，沉着答题，才是应对之道。

听题不准，发挥失常

有些平时练习中很不错的考生，在考场上或是过于紧张，或是思想开了小差，或是考官读题太快，或是题义本身比较复杂，常常臆测内容，以至于扣题不准。

差之毫厘，失之千里。每个问题都有一些基本的答题要点，如果你思路不清、方向不明、机关枪扫射，能命中的概率不会大。

这也是一些考生考后觉得自己答得不错，但考分不高的主要原因。

基础欠佳，临阵磨枪

有些考生或是平时知识面狭窄，认识问题比较浅显，没有自己的思想观点，或是语言表达欠佳，说话不流畅，中间数次卡顿，或是气势不足，过于自卑，不敢抬头，声音过小，害羞拘谨。

虽然经过一段时间强化，但内容形式上终是不甚理想。这绝非一日之功。

笔试成绩很重要，逆袭有时很难

一些考生笔试成绩不太高，以靠后名次进入面试，与前几名的成绩差距较大。在面试时，这些考生成绩在全场尽管是前几名，仍难以逆袭成功。

你的成功，有时取决于对手的水平

俗话说，天时、地利、人和缺一不可。有时你考了 84 分还不能成功，因为对手更棒，考了 88 分！有时也许你只考了 83 分，但对手只考了 78 分。也许低分的他成功了，高分的你却很难。

有些事情谁都难以掌控，努力之外，还有一部分运气。

竞争如此激烈，谁的成功都不容易。

请记住：对于人生目标明确的考生，针对以上败北原因，请记住：

提前到达考场；

保持平和心态；

功夫花在平时；

严格练好审题；

提高笔试成绩；

确保自己优秀。

谁的成功都不会一帆风顺！

经历风雨，你终会迎来彩虹！

职场新人玉律："六不"、"六要"

（河南大学出版社）

经过了毕业季，很多年轻人通过努力找到了人生的第一份正式工作，走上了新的岗位。不管是到机关、事业单位，还是到企业，都是一个职场"小白"，为了少走弯路，笔者以职场几十年过来人的体会，提出以下一些建议。

职场新人要做到"六不"

第一，不要迟到。现在有些年轻人闲散惯了，上大学的时候也会有翘课、睡过头的现象，但到了一个新单位，很多老同志都在观察你，每个人的第一次见面、每份工作的开头都特别重要。所以，无论怎样，请早早准备好，提前起床、梳洗打扮、穿上职场装，提前上班。你可以先打扫卫生，准备一些必要的工作资料。新人迟到会给人留下很坏的印象。

第二，不要拒绝。初入职场，大家不清楚你的特点、特长、技能，所以会先指派你干一些小事，如打字、复印、跑腿。小事干好，并不容易，它是对你个性的磨炼，更是对你服务意识的培养，也是对你才能的发现。有些学生直接拒绝说:我是一个大学生、研究生,打字复印送材料这些小事不是我干的。这样会让很多老同志觉得你自以为是、不好培养、不可造就。

第三,不要顶撞上级。来到一个新单位,不管是在各种会议上,还是人多的场合,对于上级、长辈交代的工作,你可以有不同意见,也可以私下找机会发表一些自己的观点,但不要当面顶撞,这会令人难堪,而且也不符合大家对职场新人的要求。

第四,不要挑三拣四。刚步入职场,有的人对分配给自己的工作,觉得这个不好、那个不适合,这个工作显示不了水平,那个岗位更有权力、更实惠、更锻炼人等,经常向领导提出很多要求,向上级提出调岗的想法。其实,专业是一回事,工作岗位是另一回事。工作后你会发现,完全与所学专业对口的情况不多。对于一个年轻人,只有踏踏实实工作,所有的岗位才会是你成长进步的阶梯。

第五,不要马虎。对于上级安排的工作,有些年轻人可能不喜欢,或者觉得不符合自己的专业,不感兴趣。于是干的时候心不在焉、丢三落四,做事马马虎虎,让人感觉不放心、不靠谱。

第六,不要过多谈待遇。有些年轻人觉得,我在大学已经花了很多成本,作为一个重点高校毕业生,我应该工资高一些,于是凡事先看给多少钱,斤斤计较,给的少了就不愿意干。强调多劳多得没错,强调学历价值也没错,但作为一个新人,需要不断熟悉、磨炼,事事谈钱,显得过于功利和俗气。

职场新人要做到"六要"

第一,要虚心。每个毕业生,从三岁上幼儿园,到小学、大学,有些还上了研究生,但其实学的主要是课本知识,而工作知识、业务知识、社会知识、与人交往的知识都很欠缺。进入职场,一定要有归零的心态,有虚心并当小学生的准备。

第二,要尊重上级。作为一个职场"小白",比你先到的是你的大哥、大姐,还有直接领导,还有更上级的领导,你对他们都要尊重,要认真听取他们的指示和教导,不要过于高傲。

第三,要踏实肯干。习近平总书记强调要抓铁有痕、踏石留印。空喊口号没有意义。任何成就都是干出来的。只有不怕吃苦,在干中学习,才能在干中成长。要不怕挫折,"不经一番寒彻骨,怎得梅花扑鼻香"。每一次人生经历都是一笔难得的财富。

第四,要做好小事。我们经常说,工作当中没有多少惊天动地的大事,但是日常工作由千千万万的小事组成。只有把小事做好了,才能办好大事。对交办你的每一件小事,即便是起草一个通知,安排一次会议,复印一个文稿,打印一个材料,都要严谨细致,不要出错。

第五,要勇于认错。作为新人,在一个新岗位肯定有很多不懂的。尽管我们虚心努力,但仍然会出一些差错。对于差错,不要掩饰,也不要推诿,要勇于承担责任,勇于认错,表明态度,吃一堑长一智,吸取教训才能快速进步。

第六,要严格要求自己。不管岗位是有权还是无权,是坐在办公室还是直接面对服务对象,对自己都要高标准严要求。百炼钢才能成为绕指柔。

老子在《道德经》中说："九层之台,起于累土;千里之行,始于足下。"只有在工作中树立远大理想,脚踏实地,注重小节,不断积累,不断感悟,不断成长,才能直挂云帆济沧海,乘风破浪去远行!

新职场,从一张干净的办公桌开始

(河南大学出版社)

一年新的就业季开始了。作为职场新人,当你走进同事的办公室,你会发现,不同人的办公室面貌差别真的很大。

一

小苏是已经工作了快 10 年的员工,在单位是个骨干,正处于事业发展的重要时期。但是,走进他的办公室,让人感觉很不舒服。

你看到桌子上灰尘遍布,各种材料、文件、报纸叠堆在一起,桌子上、沙发上、墙角里到处都是,还有几个纸箱子,里面是很多没有发完的奖状证书。墙面上有很多污渍,花盆里凌乱地扔了些烟头,花草已经快枯死了。

他本人头发"蓬松"、眼睛"浮肿",衣服也不太讲究,胡子也没刮干净,忙得脚不沾地儿,像陀螺一样。一开口说话就是抱怨,说领导要求太高,老是返工,太累了。

他的办公室让人感觉很不爽快,觉得心中堵得慌,直接影响了别人对他个人能力的评价。

二

我们去向领导请示工作,进了单位一把手的房间,感觉大吃一惊。

一把手管理着上千的员工,工作繁重,但办公室窗明几净。办公桌上只有寥寥几个文件,还放了几本学习资料,摆得十分整齐,一目了然。领导正在审稿,让人感觉特别的舒服。

领导说,工作繁忙,必须分清轻重缓急,把最重要的几个文件放在桌上,所有的事情都有明确排序,今日事,今日毕。

每晚下班前,办公桌都要清理干净。有时忙不完,就周六周日来加班,该干什么,清晰明了。一切都井井有条,运筹帷幄,成竹在胸。

保持房间的整洁有序,看似是小事情,体现的却是一个人自律、积极、明确的人生态度。

三

一个干净整洁的房间往往具有强大神奇的魔力。

畅销书《扫除力》的作者舛田光洋曾说:你的人生,其实就像你自己的房间。如果你的房间脏乱不堪的话,你的"好运"、"梦想"都会溜走。如果你一直放任不管,脏乱的房间还会给你招来厄运。

你的房间,就是你自身的折射,有什么样的房间,就有什么样的人生状态。

一个正在爬坡,一个事业成功;一个灰尘遍地,一个赏心悦目;一个抓耳挠腮,一个胸有成竹;一个焦头烂额,一个气定神闲。

　　脏乱的房间,往往让人懒散、无力、混乱;干净的房间,则是人生成功的助推器。

　　新的工作,新的开始,让我们从小事做起,从打扫办公桌做起,给自己营造一个整洁、透亮、清朗的办公室,助推你的事业进步!

小事"靠谱",才能干成大事

(河南大学出版社)

在生活中,有时候我们会评价一个人很"靠谱",这是一个很高级的词。

一

前些年,一位小美女从国外留学回来,作为人才被引进到一家单位上班。工作包括经办一些审批事项。一些待审批的材料比较重要,审批也是有时限的,但小姑娘因为爱美,过分打扮自己,上班经常迟到,让来办事的人急得抓耳挠腮,也不敢发火。

一次,上级领导询问两个人的手续办理情况,结果她连对方的材料都找不见了。领导听了直摇头:这不是要误大事吗?没多久,就调换了她的岗位。

这么个不"靠谱"的人,现在很清闲,因为谁都不敢派给她重要的事,怕出漏子。高学历的她成了单位的边缘人。

不"靠谱"的人办了一件事儿,就把自己的形象给砸了,吓得其他人再也不敢让她办事。表面看起来优哉游哉很清闲,殊不知这是单位领导惩罚人最狠的一种方式。闲个十年八年，人也就废了。

二

上级部门要到某市开会，代表是来自不同地方的十多个人，其中有一个代表来得比较晚。

大家吃饭的时候，他到了高速口，给接待的同志打电话，无人接听，这个人不知道我们在哪吃饭，最后只好让自己在当地的朋友接走了。

晚上十一点多的时候，他回到宾馆，因为忘带身份证，宾馆不让入住，他给接待的同志打电话，对方已经关机。他十分生气，给办会的上级领导打电话，要求返回。经过好一番劝说，他才留下来。来回解释，弄得大家很不愉快。

具体经办的同志办事不认真、不踏实、不操心，如此不"靠谱"，不仅没有有效地宣传当地，还造成了负面影响，吓得上级再也不敢给这个地方安排重要会议了。

每个人都是单位形象的一个窗口。别人通过观察接待的人，也在考察你单位。不能认真对待自己的工作，交办的事情办不好，还会砸了单位的牌子，影响单位的发展。

三

一个年轻人在一家外贸公司上班。单位为了与国外做好时差对接，经常要求工作人员节假日值班。

单位很多人嚷着忙,家务事多。他主动请缨,加班加点,不会的地方就请教别人,反复打电话询问,最后还要让对方再把关后才发出邮件。

值班时间,他又在网上学了几门业务课,百学不厌、百问不厌。他进步得很快,几年后成为单位的骨干,对所有人的业务他都懂一些,谁有难处他都主动帮忙,认真负责,不出差错。

这位大家都夸"特靠谱"的人,现在已经成为公司的一位副总经理了,年薪达到几十万元。

罗马不是一天建成的。再伟大的事业也是从平凡小事干起。每一个人成功的背后都有艰辛的努力以及超出常人的付出,正所谓"梅花香自苦寒来"、"经历风雨终会见彩虹"。

四

在当今社会,不管你岗位是否重要,能力是大是小,总有些人让人感觉特别踏实、负责、担当,有些人让人感觉很不"靠谱"。

不"靠谱"的人,终会被单位抛弃,也会被成功推开。

"靠谱"的人,先从办好小事开始,在小事中体现你的素质、人品、能力、责任、担当。

由小及大,小中有大。小事干好了,领导才会信任你,给你的工作越来越多,担子越来越重,你的进步才会越来越快,事业才会越来越成功!

小事"靠谱",才能干成大事!

自律,成就不一样的人生

(朗诵:紫桐)

有人说:决定人与人之间差距的,不是金钱,不是地位,而是源于内心的自律。

前些日子,天王刘德华在社交平台上分享了一则自己吃晚餐的短视频,晒出的三菜一汤瞬间引起网友们热议。三菜一汤竟全是素食,青菜、西兰花、豆腐、胡萝卜等,连米饭也含有糙米及南瓜。几十年如一日地自律,让他体态匀称、皮肤紧致,60岁了依旧魅力十足。

有人说:正是因为人类在自制方面的才能,从而划清了人和动物之间的界限,这种才能是人类品质中的精髓。

"自"是自己,"律"是规范。自律是修身立志、成大事者必须具备的能力和条件。凡成功者无不懂得自律。

自律与良好的习惯相随

自律是一种习惯,习惯往往能决定我们的人生。

凡是自律的人都保持着一些良好的习惯。日本作家村上春树坚持近40年每天4点左右早起、跑步和写作,严格地自律,既保证了充沛的体力，也创作出多部世界闻名的佳作。

自我约束力差往往是人失败的一大根源。罗伯特·李是美国南北战争时的名将，有一次，一个孩子的母亲请他说几句话，作为孩子的行为准则。李将军只说了一句非常简短的话："教他懂得如何克己！"

自律说起来容易，做起来很难。仅以作息规律来说，有多少年轻人成了夜猫子，捧着手机不停地刷屏，睡得太晚，清早起不来，影响了工作和健康，得不偿失。

不管是痞子混混，还是无知少年，只要通过严格的训练，都可以养成良好的习惯。能提供这种教育的首先是家庭，其次是学校，最后才是社会。环境的影响最为巨大。

自律是要有毅力的

自律的方式主要有两种：一种是去做应该做而不愿或不想做的事情；一种是不做自己想做而不应该做的事情。

比如你每天早晨坚持锻炼身体，某一天特别寒冷，你犹豫着是否继续坚持，但你最终走出家门，继续锻炼，这就属于前者。后者如你喜欢抽烟，但到了无烟室，你必须忍住内心的欲望不抽烟。

自律通常和意志紧密相连。意志薄弱的人，自律能力较差；意志顽强的人，自律能力较强。

自律是要吃点苦的。自律意味着不能随着你的性情，想怎么样就怎么样，你要抵御外界的诱惑，抵御自身的"欲望"。

有这样一个真实的例子：因为饮食不加控制，外国一名女子体重达到了500多斤,医生预言她活不过30岁。克制对美食的欲望,实际上需要很大毅力,最终她在自己和家人的共同坚持努力下,成功减去了一半的体重,美出自我!

诗人博恩斯的恶习之一是无法抵御酒的诱惑,酗酒又使他无力克制自己,私生活放纵。他在28岁时完成的《一个诗人的墓志铭》中忏悔道:读者,请注意,无论你的灵魂是翱翔于九霄,还是在黑暗的地洞里翻腾,要知道,明智、谨慎和自控,乃是智慧之本。

毅力意味着你有明确的人生目标,并且能够持之以恒。任何人的好习惯、好行为都是逐渐培养起来的。

自律的小窍门

自律是在行动中形成的,也只能在行动中体现。

自律的养成是一个长期过程,不在一朝一夕。要勇敢面对一次次挑战,不轻易放纵自己,哪怕只是一件微不足道的小事。

卡耐基说:一个不注意小事情的人,永远不会成就大事业。要养成好习惯常常需要从一些小事做起。有人说,一个好习惯要用21天来养成。

要珍惜时间。柳传志以"守时"在业界享有盛名。他以"管理自己"的方式"感召他人"。在20多年间的无数次会议中,他迟到的次数屈指可数。为了准时,他常常早到。有一次在航班可能延误时还改乘汽车连夜赶路,终于准时到达会场。

要时刻反省自己。明朝首辅徐溥,居内阁12年,一生极为自律。他少年时就开始日复一日检点自己的言行,专门在书桌上放了两个容器,存储黑豆和黄豆。当心中产生善念,或者做善事、说善言,就存入一粒黄豆;反之,则投入一粒黑豆。徐溥坚持一生,以此督促自己、检讨自己。

要努力改正坏习惯。有的人沉迷于赌博,有的人沉迷于吃喝玩乐,有的人拒绝不了金钱,有的人爱睡懒觉,有的人办事拖沓马虎……只有认清这些,才能自律。

萧伯纳说:自我控制在"适者生存"中区分谁是"适者"的品质,自律需要主动,需要个人发自内心、自觉自愿地去做。

最近,有人列出了关于自律的九个小策略,包括规律作息、拆解任务、由易到难、克服拖延、保持专注、远离诱惑、预先承诺、结交伙伴、奖励自己。

德国诗人歌德说:在今天和明天之间,有一段很长的时期;趁你还有精神的时候,学习迅速地办事。

自律,正是通往成功路上的敲门砖,想要有所成就,首先从约束自己开始。用严格的自律,控制自己的今天,也就控制了明天。

越努力,越幸运;越自律,越出众。

优秀的人都做到了七个自律

（朗诵：竹林听雨）

自律是一个人最可贵的修养。

自律是内心深处清醒的认知与自我改变。

卡耐基说：一个不注意小事情的人，永远不会成就大事业。

只有从小事做起，将自律变成习惯，才能让自己变得更优秀更强大。

健 康 自 律

健康永远是第一位的。金钱、名利等都是0。要有命挣钱，更要有命来花。要保持健康，就要改变一些不好的习惯。

坚持早睡早起、多运动。当代人的通病是"熬夜"。早睡，成了老年人的专属；熬夜，成了年轻人的习惯。熬夜，享受了短暂的欢愉，透支的却是性命。好好睡觉，既是身体的自愈，也是生活的治愈。

日本作家村上春树，每天4点左右早起、跑步和写作，坚持了40年。严格地自律，既保证了他充沛的体力，也让他得以创作出多部佳作。

要管理好自己的体重。天王刘德华,几十年如一日地在饮食、运动方面自律,才能年过六十仍然体态匀称、皮肤紧致,魅力十足。不要因为嘴馋而暴饮暴食,三餐要荤素搭配,饮食要营养均衡,还要经常称称体重,才不会变成中年油腻大叔大妈。

家风自律

现在"坑爹"的事儿很博眼球。有些名人明星家庭,经济条件优渥,孩子天资聪慧,但因为家长过于骄纵、宠溺,导致孩子没有规矩,不辨是非,不仅害了孩子,也断送了他的前程。

2021年有很多娱乐明星"翻车"。从郑爽、吴亦凡到霍尊等,常常因一些突破公众道德底线的丑闻,在网上发酵,最后以司法方式或"退圈"落幕。

从他们身上,都能发现家庭教育的缺失。而一些粉丝的无知、无底线、三观混乱,让人更是大跌眼镜。每一个望子成龙的家长都应当好好反省并作出改变。

严是爱,松是害。家风建设不可少。身教胜过言教。父母教育如果没有底线,管教不严,最终都要为孩子的错误买单。

时间自律

人生很短,不过三万天。过去,人们生活相对单调,但能更主动地支配闲暇时间;现在,手机统治了一切。在地铁上,在饭桌上,人人都在低头刷屏。

顶级的人生,都从管理时间开始。

杨澜说:所谓时间管理,归根到底不仅仅是管理时间本身,而是管理我们自己。

要珍惜时间。柳传志以"守时"在业界享有盛名。他十分守时,在无数次的会议中,迟到的次数屈指可数。为了准时,他常常早到,或者冒雨出发。

管理时间还要掌握一些技巧:学会列清单,分清事情的主次;根据轻重缓急,决定先后顺序和时间分配。

要多读书。庄子说:吾生也有涯,而知也无涯。易中天说:读书分为谋生和谋心两种:谋生的读书是从小学一直读到大学,为的是找个工作,这不是真正的读书;而谋心的读书则为了心灵的寄托与安慰,这才是真正的读书。

要定时关掉电子设备。"手滑一分钟,人间三小时。"定时关掉电子设备,是拿回人生主动权的开始。

钱 财 自 律

钱不是万能的,但没钱却是万万不能的。金钱是你现世安稳的基础。

现在,人们大多会有一些储蓄。能否管理好钱财,不被网上的骗子抢走,不因错误的投资打了水漂,不被过度的消费诱惑,既取决于你的眼光心智,也考验你的定力。

定力不够,难免被广告诱惑、被低价俘虏,购买很多用不着的东西。没钱,就刷信用卡,从平台上借。无限制消费,预支了金钱,也预支了明天。你被还钱绑架,从此跌入深渊。

控制欲望,控制消费,就要学会断舍离。

掌控住自己的钱财,你就有了人生的自由和底气。

圈 子 自 律

现在,人们认识之后,往往加上微信。所以,你的微信好友遍天下。如果你所处的岗位较为热门、有价值,很多人"像苍蝇"一样围上来,让你饭局越来越多,活动越来越多,小圈子越来越多。

这些不同的圈子会蚕食你有限的时间。你流连于酒桌聚会,也许会丢掉追求和信仰,障蔽了眼睛和心智,忘掉家庭和亲人,与一些心术不正的人勾肩搭背,待到步入歧途,悔之晚矣。

人生是活给自己和亲人的。一寸光阴一寸金,寸金难买寸光阴。不要让太多的人占用你的时间,将时间投入到有价值的事上,人生才能焕发光彩。

言 语 自 律

良言一句三冬暖,恶语伤人六月寒。祸从口出。我们从小就开始学说话,但却要用一辈子来自律,管住嘴巴不伤人。

说话要讲时间、地点、场合、情境。说出去的话,泼出去的水,也许会成为钉到别人心口的钉子,你再怎么道歉,都会留下伤痕。这不是心直口快,而是情商太低。

凡事皆有因果。少说他人的坏话,不在背后议论别人,不攻击、不诅咒,管住嘴巴,多说温柔的话,多说暖心的话,既能落得好人缘,也是为自己一辈子积福积德。

情 绪 自 律

俗话说:情绪是魔鬼。人在极端情绪之下,特别容易做出极端的选择。真正聪明的人,要学会控制情绪。

韩信控制了情绪,忍下了"胯下之辱",最终为汉朝立下丰功伟绩。张飞脾气暴躁,惹下祸端,有一次发怒,他杀死曹豹,害刘备丢了徐州;又一次发怒,他鞭打属下,最后被手下杀掉。

控制了情绪,就等于控制了人生。要做到:喜时不诺,怒时不争,哀时不语,倦时不怠。在高兴时不轻易许诺,在发怒时不要跟别人发生争执,在悲哀时少向他人抱怨,在疲倦时不要懈怠,坚持有始有终。

自律,是通往成功路上的敲门砖。

越自律,越幸运;越自律,越出众;越自律,越成功。

赛场选"马",竞争上岗

(河南大学出版社)

20世纪80年代,"改革开放"使中国的命运发生了巨大的变化。

人要吃饭,这是再朴素不过的道理。中国率先进行了农村土地承包制改革,接着是工业改革,继而将改革推进到整个经济领域。

中国犹如一艘乘风破浪、不可阻挡的巨轮,驶向改革快速发展的航道。经济体制改革的巨大突破,迫切要求政治体制、干部人事制度改革协调跟进。

为加快干部人事制度改革步伐,许多单位和部门在干部选拔任用中自觉地开始尝试竞争上岗的方法,效果很好。从1998年开始,竞争上岗、公开选拔成为常态。

实践证明,推行领导干部竞争上岗,是党和政府加强领导班子和干部队伍建设的一项重大决策,这项制度无论是对国家机关,还是对干部个人,都有着十分重要的意义。这主要体现在以下几个方面。

有利于提高干部队伍整体素质

领导干部竞争上岗必须经过严格考试、考核程序,客观上将会起到促进广大干部认真学习政治理论知识、文化科学知识和业务知识的作用。因为竞争上岗坚持公开、平等、竞争、择优的原则,如果参与者政治、文化和业务知识不过硬,道德素质不高,最终必然被淘汰。因此,凡参加竞争上岗者,无论走上领导岗位与否,其政治理论素质、文化业务素质、思想道德素质都会有大幅度提高,从而使干部队伍的整体素质得到提高。

有利于培养和选拔年轻优秀的领导干部

没有推行竞争上岗时,选拔人才往往论资排辈,优秀的年轻干部多数被排斥在领导干部的行列之外,他们的才能得不到充分发挥,这是人才资源的极大浪费。推行领导干部竞争上岗,不拘一格选拔人才,使优秀的年轻人才脱颖而出,走上领导干部岗位,充分发挥自己的聪明才智,推进各项事业快速发展。

有利于反腐倡廉和建立良好的用人机制

长期以来,由于种种原因,在选拔干部工作中形成了一种不良的风气,出现了任人唯亲、拉帮结派、要官跑官、买官卖官等十分严重的腐败现象。推行领导干部竞争上岗,通过公平、公正、择优,为高素质优秀人才走上领导岗位大开绿灯,在低素质者求官途中亮起红灯,堵塞了要官跑官者的路,封上了买官卖官者的门,有力、有效地遏制了干部选拔使用中的不正之风和腐败现象。

有利于体现群众的参与性

推行领导干部竞争上岗,其中一个重要环节就是群众测评。它既赋予了广大群众知情权、参与权、选择权,又增强了他们的主人翁意识。群众会按照规定的标准,认真选择高素质的能为群众办事的领导干部。毫无疑问,在这样的背景下选拔出来的领导干部,更具有群众观点,更能得到群众的信任,他们开展工作更能得到群众的支持和拥护。

近二十年来,竞争上岗从尝试到推广,已经得到了全社会的认可。无论是在党政机关,还是在事业单位、企业公司,它已经成为单位选拔人员的最基本的方式。与其他选拔人员的方式相比,它实现了选人方式和渠道的公开化、公平化,实现了选贤荐能的多元化、科学化,实现了干部选拔任用的规范化、制度化。

对于广大公务员来说,通过竞争上岗,一方面可以充分展示个人多方面的素质和才能,另一方面也是对自己多年工作能力、水平和群众基础的检验。

赛场选"马",能力"说话"。能者上、平者让、庸者下,让参与者、选拔者、上岗者、评价者心服口服。

有机会，就勇敢参加

（河南大学出版社）

竞争上岗为每一个符合基本条件的人都提供了一个难得的机遇。

面对机遇，一定要积极努力争取，决不可轻易错过。

面对机遇，要提前做好充分准备。

面对机遇，始终要"一颗红心，两手准备"。

面对单位组织的竞争上岗，由于个人情况差异，大家难免有不同的考虑。

一类是"只欠东风"型。这类人在单位有一定的资历和能力，但苦于没有合适的机会，迫切需要一个展示自己的舞台，可以说是日思夜想，跃跃欲试，一旦有了竞争上岗的机会，就会毫不犹豫地参加。

一类是底气不足型。这类人有资历，但在其他方面有所欠缺。有些人年龄不小，工作年限不短，能干好具体事务，但文字、口头表达能力欠佳。或者由于某种原因虽在单位工作时间长，却一直没有被提拔。还有一些人，由于工作岗位职能所致，平时接触社会面窄，加之性格内向，不善交际，面对竞争上岗不免心生恐慌，自信不足，犹豫不定，担心自己如果参加，万一考得太差、讲得太差，既提拔不上，还丢了脸面。

一类是资历短板型。这类人有一定能力,但在单位的资历太短。资历短的情况也十分复杂,有些人是从基层部门通过考试进入机关的,并不是应届毕业生,虽然年龄不小,但所定的职务层次并不高,进入新单位的时间也不长。还有一部分人是从部队转业到单位的,在部队团职或营职等领导岗位干了很多年,虽然已经是个老同志了,但进入新单位的时间并不长。

一类是跃跃欲试型。这类是资历很短的年轻同志,以新录用或招聘到单位的同志为主。他们经过层层选拔,过五关、斩六将,一路走来,有思想,有干劲,有生气,但经验与资历都不足。

除了第一类人态度坚决、明朗,其余三类人该如何抉择?

若以成功来论,不成功的均是失败者。但对于竞争上岗一事,却不能简单以一次成败论英雄。因为在一个部门,能否竞争成功,取决于很多因素,有笔试、面试的成绩,有领导的认可,有群众的投票,有平时的表现等等,能力、年龄、资历、民意、职位要求,缺一不可。

所以,对于竞争上岗,大家应保持积极而又平和心态。

积极参与,大胆应战

竞争上岗已经成为单位选拔任用人才的一种行之有效的渠道,但在很多单位,由于领导更替及职位空缺等多种原因,并没有规范化及常态化,很难做到一年一次。因此,每一次竞争上岗对任何人来说都是一次难得的机会,参与就可能赢。冯同志在领导的心目中并不是任用的第一人选,在大家心目中也不是重要人物,但当他以第一名的成绩胜出时,成了不二人选,让大家刮目相看,将不可能一下子转变为可能。而不参与就没有一点机会,此外还有两个弊端:一是让单位领导和其他同事小瞧你,认为你就是没有真本事,一个连竞争上岗都不敢参与的人能够委以重任吗?不仅这次在竞争上岗中你100%失败,就是在将来的选任中你的任用机率也会大打折扣,直接影响你事业的发展。二是你也无法了解自己真正的水平。经过竞争上岗,你会发现自己的优势与劣势,然后有针对性地进行修正、提高。没有真正的比试,没有广大群众的参与,你对自己的认识很难全面、客观、辩证。

未雨绸缪,加紧充电

敢于迎接挑战,只是具备了勇气,还要早早动手,拾遗补阙。尤其是新进入单位的同志,不论原有资历如何,都要尽快熟悉新单位的情况,提高业务技能。竞争上岗考试与死记硬背不是一回事,你的各方面能力一上场就展示得一目了然。加强平时的自觉学习,"充电"是每一个成功者的经验之一。"充电"主要有两方面内容:理论知识及实践知识。理论知识如国家基本的方针政策、本部门基础业务知识等。实践知识如本单位的职能、工作任务、本行业发展趋势、存在的主要问题及解决办法等。学习的途径也有两种:一方面可以向书本学习,向同事、领导请教;一方面可以进行一些调查研究,加强思考,做到胸中有数,沉着应战。

认真准备,一丝不苟

当单位公布了竞争上岗的方案后,一些同志虽然也参与了,但满不在乎,结果在笔试、面试环节得分都特别低,弄得自己下不来台,连想替自己说话的领导都不好意思开口。虽然找了不少客观理由,但毕竟不太光彩。所以,一旦准备报名,就要全力以赴。尤其是竞争上岗演说和答辩,一般都有明确的内容要求和时间要求。竞争者根据要求,最好形成一些文字材料,并对材料的结构、内容、语言进行反复推敲、反复锤炼,力争在较短的时间内用最精练的语言将自己的工作成绩、竞争优势、工作思路、个人风采全面地展示出来。竞争者还要对面试时可能遇到的提问尽可能多准备一些材料,尤其是对一些大的思路、原则问题的把握,不必拘泥于具体的事务。语言表达能力在竞争演说中给人留下的印象十分深刻,因此多看一些演讲与口才方面的书籍,学习一些演讲技巧和应答技巧,均能提高你的分值。俗话说,"有备无患"。成功更多地垂青于有心人。

一颗红心,两手准备

凡竞争,就有两种不同的结果,尤其是空缺职位少的单位,一个岗位通常会有很多人同时竞争。因此,竞争上岗者一方面要积极参与、全力以赴,另一方面也要冷静客观、两手准备。不要因为没有成功,就灰心丧气,态度不端正,甚至找领导吵闹,做出一些不理智的行为。要勇于对失败进行客观分析:是资历原因,能力原因,还是群众基础原因？针对不同情况采取不同的修正方略，不失为聪明之举，能够为下一次成功奠定坚实的基础。同时，也要乐观看待竞争，只要自己有一定能力，就要勇于尝试，尤其是一些新同志以及一些没有在重要岗位或热门岗位工作过的同志，如果能通过这个舞台的展示让更多的领导及同事认识自己、了解自己，就是一次有益的宣传与积累。

失败乃成功之母。

竞争上岗提供了一个公开、公平、公正的大舞台，愿每一个有理想有抱负的有识之士、与改革同呼吸共命运的贤才智士，都能勇于搏击风浪，做一名时代的弄潮儿。

口才篇

有人说舌头、金钱、电脑,
是现代管理的三大武器。
学习演讲,练好口才,
是职场精英的必备技能,
定会为你增光添彩,
助你走向成功彼岸。

想当好领导,就得学会演讲

(河南大学出版社)

演讲是现代领导干部必须掌握的一门实用技术。

演讲是一门语言艺术。古今中外,许多伟大的政治家、思想家及领袖人物都有精彩的演讲流传后世。例如,柏拉图记述了苏格拉底的《在雅典法庭上的演讲》,林肯的《葛底斯堡演讲(说)》成为美国文学中最漂亮、最富有诗意的文章之一,而黑人领袖马丁·路德·金的《我有一个梦想》的演讲标题成为一句经典名言。中国古代史书《战国策·齐策一》中《邹忌讽齐王纳谏》早已收录在中学课本中,闻一多的《最后一次演讲》至今仍震撼人心。还有我们熟知的列宁、毛泽东、周恩来、丘吉尔、罗斯福、甘地等伟大人物,无不是演讲大家。

什么是演讲

演讲,用最通俗的一句话解释,就是对听众发表自己的见解。

胡适说:演讲就是"放大的谈话"。

美国人说:面对两个人以上说话就是演讲。

演讲就是演讲者在特定的时境中,借助有声语言为主和态势语言为辅的艺术手段,面对广大听众发表意见、抒发情感,从而达到感召听众并使其行动的一种现实的信息交流活动。

演讲以讲为主、以演为辅,既是听觉的,又是视觉的,兼有时间性和空间性两种艺术特点的综合活动。只有把"演"与"讲"有机地统一在一起,才能构成完整的演讲手段,才能圆满地完成演讲的任务。

演讲的重要地位

会演讲的人,我们说他有口才。荀子在《大略》中这样写道:"口能言之,身能行之,国宝也;口不能言,身能行之,国器也;口能言之,身不能行,国用也;口言善,身行恶,国妖也。治国者敬其宝,爱其器,任其用,除其妖。"

西方社会认为:舌头、金钱、电脑是现代管理者的"三大战略武器"。

在美国中学生中流行这样一句口号:未来的美国,让不会演讲的人走开!

在当今,演讲除了在重要场合不可缺少,更是融入了日常生活。在工作、学习、生活中我们常常需要当众讲话:小组发言,大会交流,工作布置,总结汇报,方案介绍,述职竞岗,法庭辩论,谈判会晤,朋友聚会,婚庆丧事……

在互联网时代,想要在"抖音"等视频和直播平台上成为"网红",口才好、说话有特点,更是必备技能。

演讲的神奇作用

演讲的社会作用一般包括六个方面:

一是政治斗争的有力武器。演讲历来是政治家发表政见、阐明观点、批驳政敌、争取盟友的有力武器,特别是在社会处于激烈变革的时期,这种社会作用就显得更突出。在中国古代,谋臣启奏、策士应对、诸侯施令、辩士游说,无不以演讲作为手段。梁代刘勰在《文心雕龙·论说》中写道:"一人之辨,重于九鼎之宝;三寸之舌,强于百万之师。"也有"一言可以兴邦,一言可以误国"之说。英国作家麦卡雷说:"舌头是一把利剑,演讲比打仗更有威力。"在第二次世界大战期间,更有人夸张地比喻:"一支笔,一条舌,能抵三千毛瑟枪。"演讲更是西方国家总统候选人走上政治舞台最主要的竞争手段。

二是经济活动的重要助力。经济与政治关系密切,从事经济活动的人常常能从各国领导人的演讲内容中,捕捉到有关经济信息,从而预测经济发展动向,以便采取相应的措施,调整对策。当今世界名目繁多的经济峰会上,主要经济大国领导人的演讲成为重要内容。在美国甚至开办了直接以演讲活动来盈利的公司。1984年4月15日《参考消息》报道,美国纽约帝国大厦,有一家名叫哈利·沃克的特殊公司,是一家专门提供演讲服务的演讲公司,年收入纯利竟高达1000多万美元。演讲本身也像商品一样进入了经济活动的市场。

三是鼓舞士气的战斗号角。演讲也常常是军事家用以动员部队、鼓舞士气、激励斗志的战斗号角。古今中外,这样的事例不胜枚举。例如,秦二世元年(公元前209年),陈胜与吴广在大泽乡起义时对他的"徒属"发表演说:"……且壮士不死即已,死即举大名耳,王侯将相宁有种乎!"徒属曰:"敬受命。"于是揭竿而起,陈胜达到了当众演讲动员的目的。在第二次世界大战期间,各抗战国领导人的演讲更是与轴心国战斗的号令,激起了在艰难环境中人民的战斗意志。

四是传播知识的有效途径。演讲是高级的、完善的口语表达形式,能最大限度地发挥语言在传授知识、探讨学问、宣传成果、交流经验方面的作用,主要体现在教学演讲及学术演讲中。

五是思想教育的最佳形式。古希腊学者、唯物主义哲学家德谟克利特有一句名言:"用鼓动和说服的语言来造就一个人的道德,显然比用法律和约束更能成功。"演讲的魅力正在于"晓之以理,动之以情,授之以知,导之以美,明之以实,联之以身"。因此,演讲比赛、论辩赛更是开展思想教育活动的广受欢迎的形式。

六是人才考核的重要尺度。演讲是一个人思想水平和各种才华技艺的集中"亮相"。没有丰富的思想、敏捷的思维,何来精彩的演讲?通过演讲能够发现人才、选拔人才、使用人才。美国的大学,不管是理工类还是文史类专业,都把基础作文法和演讲学作为必修课。日本、新加坡等国家规定:政府工作人员要进行三个月到半年的演讲训练才能上岗工作。足见他们对演讲的重视程度。

此外,学习演讲对自身也有很多好处。

第一,演讲能促进自己的成长。只有那些有志者和不畏艰苦的人,才能攀登高峰,摘下桂冠。演讲家不是天生的,是演讲的实践造就的。

第二,演讲能培养良好的人际关系和高尚情操。演讲者不仅在台上需要有悬河之口和文雅的举止,就是在台下,其一言一行也要起到表率作用。这样的言行举止，不仅有利于创造祥和的气氛，而且也有利于人们的交往。

第三，演讲能不断完善自我。学习演讲和演讲实践的过程是一个不断提高口语表达能力、敏锐的观察能力、深刻的分析能力、敏捷的思维能力、准确的判断能力、超人的想象能力、机智的应变能力和良好的记忆能力的过程，是不断自我完善、提高结合素质的过程。

在生活中，一些领导的讲话水平如何呢？优秀者很多，但也有水平欠缺者，表现为：说话让人听不懂（非常浓厚的、难以辨听的地方方言，或者语速非常快）；发言时不讲场合，千篇一律，毫无特点；发言"穿衣戴帽"，虚词套话较多，主题不明，效率不高。

学习演讲，锻炼口才，对当代中国的各级领导干部来说，还要向毛泽东、邓小平、习近平等领导学习，下些真功夫。

诗人是天生的,演讲家是后天练的

(河南大学出版社)

有人说,世界上没有天生的演讲家,诗人是天生的,演说家是后天练出来的!

无数事实证明了这句话。

古代希腊著名演说家德摩斯梯尼从小口吃,但立志成为演说家。为矫正口吃,使口齿清晰,他将小石子含在嘴里不断地练说。据说他曾把自己关在屋里练习,为锻炼厚脸皮竟将头发剃去一半,成了"阴阳头","逼"自己专心一意地练口才。经过12年刻苦磨炼,终于走上成功之路。

美国第16任总统林肯,是闻名于世的大演讲家。他出身于农民家庭,当过雇工、石匠、店员、舵手、伐木者等,社会地位卑微,但从不放松口才训练。年轻时他常徒步30多英里到镇上,听法院里的律师慷慨激昂地辩护,听传教士高亢悠扬地布道,听政界人士振振有词地演说,回来后就寻一无人处精心模仿演练,使得口才日日进步。1930年夏,他为准备在伊利诺斯一次集会上的演讲,面对光秃秃的树桩和成片的玉米,一遍又一遍地试讲,最后成了世界上最著名的演说家。

英国戏剧大师、批评家和社会活动家萧伯纳的口才是有口皆碑的。但是,他年轻时却胆小而木讷,拜访朋友都不敢敲门,常常"在门口徘徊20分钟"。后来,他鼓起勇气参加了一个"辩论学会"。不放过一切机会同对手争辩。练胆量,练机智,练语言,千锤百炼终成口才家。他的演说、他的妙对传诵至今,仍脍炙人口。有人问他是怎么练口才的,他说:"我是以大家学溜冰或骑自行车的办法来做的——我固执地、一味地让自己出丑,直到我习以为常。"

我国著名演说家曲啸通过20世纪80年代初的几场演讲一鸣惊人,令人叹服。当有人评说他是"天生的好口才"时,他笑着说:"哪来的天才呀?不敢当。我小时候性格内向,说话还口吃,越急越结巴,有时涨得脸通红也说不出话来……"曲啸练口才也吃了不少苦头。当有人问他学习演讲的最好方法是什么时,他说:练习,练习,再练习。不管你是会紧张、没有经验,还是对专业内容不熟悉,这些所有的问题都可以通过多练习克服。只要不断练习,你就会成为超级演说家。

可见,想提高演讲水平最快的方法就是多练习。

当然,竞争上岗演讲与一般的演说有一定差别。相同之处是两者都可以事先准备好稿子,从头说到尾。不同的是一般的演说围绕自己的主题,"演"的成分很大,更注重现场的气氛,更强调演讲者与听众的互动与沟通。而竞争上岗演讲不需要那么慷慨激昂,更为平实、真切,更强调以理服人,以己感人。你可以先自己对着镜子练习,然后再在家人及朋友面前练习,听众由少到多。

不怕不聪明,就怕不下功夫。

通过练习,参与者既可以锻炼自己的胆量,练出"厚脸皮",提高抗压心理素质,又可以提高组织运用语言的能力,提高口语表达能力,也可以学习如何运用声调、抑扬顿挫,提高感染力,还可以学习正确的着装、适合的仪表态势,增强个人的魅力。

练中出经验!

练中出智慧!

练中出才干!

练中出成功!

打动人心的六种说话技巧

（河南大学出版社）

演讲是在同一时空下的交流，对语言的要求十分高。亚里士多德曾说："思想时要像哲人，讲话时要像凡人。"胡适说："讲话要有同情心，要体贴大众。说一个词，要想到大众；造一个句子，要想到大众；用一个比喻，要想到大众。"老舍则分析道："耳朵不像眼睛那么有耐性，听到一个不爱听的字或一句不易懂的话，马上就不耐烦。"这些论述都强调演讲的语言要通俗易懂，形象生动。

演讲，"说话，说话，还是说话"。如何把话说好呢？准备竞争上岗演讲的人可以从中有所借鉴。

要多用口语

比较一下这两段表述：

"语言是人类交流的基本工具，但是对于那些因患喉癌做了手术的人来说，他们最大的痛苦就是有口难言。"

"观众朋友，在我这样说着，你这样听着的时候，我们的交流就开始了，在我们看来很平常的这种交流方式，对于那些因患喉癌做了手

术的人来说却不可能,他们最大的痛苦就是有口难言。"(敬一丹《焦点访谈》)

两段话都强调有口难言的痛苦,前一段完全是陈述句式,语言规范,而后一种则转化为人们更易于接受的口语,更为自然亲切。

会用短句子

陈毅:"长句硬如铁,念稿要出血。"

毛泽东的文章为人们喜爱,正是因为其形象生动,喜用排比对仗,读起来舒服:"事情就是这样,他来进攻,我们把他消灭了,他就舒服了。消灭一点,舒服一点;消灭得多,舒服得多;彻底消灭,彻底舒服。"

使用书面语及长句子,如果改为口语化的短句子,效果更好。

例如:她用对生命的无限热爱努力追逐着在正常人看来微不足道而对于她这个双目失明的残疾人却充满诱惑的读书理想。

改为:读书,是她的理想,这在常人看来是微不足道的,但是,对她这个盲人来说,却充满着诱惑,她用对生命的无限热爱,努力追逐着这个梦想。

第一句是一个有很多修饰成分的长句子,而第二句改为更口语化的短句子,就更符合人们的听力特点。

要善用排比

排比可以增强演讲的气势,产生一种排山倒海般的力量,具有巨大的鼓动性、激励性，是演讲中最常用的一种语言修辞方法，也是搭建段落结构的一种好方法。

孙中山先生在演讲中常用"排比句"，犹如射出一发发炮弹。这是他一段对"共和"的精辟分析：

"我们到底想要什么？就要这样一个假共和吗？

如果共和是假的，那我们有的就永远是真专制！

如果共和是假的，那我们有的就永远是真复辟！

如果共和是假的，那我们有的就永远是被奴役！

如果共和错了，那自由就是错的！

如果共和错了，那平等就是错的！

如果共和错了，那博爱就是错的！

不，共和没有错，我追求共和没有错，你们追求共和也没有错，她只是还不完善。美国的共和制不完善，瑞士的共和制也不完善，咱们中华民国新生的共和制更不完善。我们要做的，是一点一滴地完善她，让她更美丽！"

吴仪在就中国申办2010年世博会进行陈述时说：

全世界越来越多的投资者将目光投向中国，因为中国有巨大的市场；越来越多的游客走向中国，因为中国有悠久而灿烂的文化；越来越多的人成为中国的朋友，因为中国人民热情纯朴、友善好客。

要善用比喻

比喻可以给人更直观、更形象的印象，并且更易于理解。

周恩来在向外国友人介绍《梁山伯与祝英台》时说：请您欣赏一

部彩色歌剧电影:中国的《罗密欧与朱丽叶》。

韩正担任上海市市长期间,在介绍上海在绿地方面的发展时,不是用一串串让人记不住的数字,而是用大家都能理解的三个东西来比喻:上海的人均绿地面积,解放初是一双鞋,改革开放初是一张报,现在是一张床,将来要变成一间房。

要善用幽默

幽默是演讲的"味精",在演讲中加一些味精,能够变死板为鲜活。

孙中山这样解释"中山装":"大家还不明白,是吧。我告诉你们——这本来是个秘密,连裁缝我都没告诉他——这衣服就是按照我们共和国的理念,按照'五权宪法'的理念设计出来的。"

他一指右臂的袖口说:"这里,我设计了三个扣子,这是让人们记住,共和国的理念就是'自由、平等、博爱'。"

他一指左臂的袖口说:"这里也有三个扣子,这是让人们记住,永远不要忘记人民,就是我们的'民族、民权、民生'——就是三民主义。"

他拍着衣服的四个口袋说:"这些口袋里装的,就是'五权宪法',这里装着立法权,这里装着行政权,这里装着司法权,这里装着考试权,哦没了?别急……他撩开衣服,露出里面暗兜,监察权在这里装着!这个监察权为什么要藏在里面呢?因为它是人民的'杀手锏'啊!当权者永远不知道人民什么时候就'杀'过来弹劾他,所以他要战战兢兢地当官,老老实实地为人民做事!"

要巧用问句

问句能引起听众的思考与高度注意力,也是统一思想、强化主题的一种好方法。

这是丘吉尔在二战时对国内民众发表的演说:

"你们问:我们的政策是什么?我说:我们的政策就是……你们问:我们的目的是什么?我可以用一个词来答复:胜利!不惜一切代价去争取胜利。无论多么恐怖,也要去争取胜利;无论道路多么遥远和艰难,也要去争取胜利。因为没有胜利,就不能生存。"

有人大声呼喊,"世上只有金钱好,没有金钱不得了"。在座的各位,您说对吗?

如果不是为了报效祖国,即使阴山放着 100 万张"大团结",我也不会动心,一分钟也不愿待在那儿。金钱可以买这买那,但它能买到我的双眼、我的腿、我的战友的生命吗?

演讲的语言要产生摄人心魄的力量,就要多学习一些技巧,多看一些著名演讲家的演讲词,并在自己的演讲中实践,才能不断提高自己驾驭语言的水平。

八种别具一格的开场白

（河南大学出版社）

俗语讲：良好的开端是成功的一半。

美国演讲家洛克伍德·桑佩说："在整个讲话过程中做到轻松地、巧妙地与听众交流思想是困难的,然而,做到这一点的关键是讲话开头的用字和表达。"

现在有些领导的讲话,官话套话太多,过于啰唆,冗长乏味,毫无新意。

开场白要拒绝平庸,追求创新。要为竞争上岗演讲设计一个精彩的开场白,可以采取以下几种形式。

自 我 介 绍

这是最常用的一种开门见山的方式。介绍自己引起注意,给听众留下整体的印象,进而过渡到正题。有时由于时间要求,自我介绍常与个人简历部分合二为一。

例一：我叫×××,1985年7月从山西省人民警察学校毕业,分配到省公安厅工作。现任厅信息安全筹备办公室副科长(主任科员)。回顾16年来的从警之路,我始终以"堂堂正正做人、兢兢业业工作"作为自己的立世之本,在组织的培养和同志们的帮助下,刻苦学习,积极工作。多年来的工作成绩得到了组织和同志们的充分肯定。曾荣立个人二等功2次,个人三等功3次,并多次受到嘉奖。

点评:简单介绍自己的姓名、学习经历、工作经历及取得的最主要的成绩及人生座右铭。简洁突出,印象深刻。

例二:我叫×××,1963年11月出生,大专毕业、中共党员,1982年10月应征入伍参军,1996年7月复员分配到公园工作,历任水产科销售员、副科长职务,在1998年和2000年两次参加公园中层领导职位竞聘中连任物业公司经理职务至今。这次竞争办公室副主任职务。

点评:十分简单,但介绍了自己的工作经历,尤其是重点说明连续两届任物业公司经理职务至今。

提示主题

这种开头与上一种有类似之处,都是先介绍自己的姓名、职务、然后用一句话点明演讲的主题。这种开头方式简明扼要。

例一:我叫×××,现任卫生厅办公室文秘科长,想竞争办公室副处长一职,我今天演讲的主题是:发挥自身优势,不断开拓前进。

例二:根据厅职位标准和任职资格条件,结合我个人的实际情况,我这次参加×××竞争上岗。下面就我的个人经历、主要工作业绩、竞争的主要优势以及上岗后的思路打算作一阐述,以表明我"改革、创新、服务"的蓝图。

点评:这个开头干脆利落,层次清晰地表明了自己的竞岗口号与主题,比较容易吸引听众。

表 达 感 谢

任何人的心理都会倾向于感激与客套之词的,在演讲的开头向领导和听众表达感激之情,可以产生心理相触相通效应。为营造友善、和谐的气氛,开头一般可以用"你们好"、"首先感谢领导给我提供这样一个展示自己的机会"、"参加今天的演讲我很荣幸"、"恳请评委及与会同志指教"等简单的礼节性致谢词导入正题。

例:首先,让我感谢各位领导、同志们给我提供这样的机会,使我有机会向领导、同志们汇报一下自己的思想和工作情况。同时,我也想借此机会听取各位领导和同志们对我的批评和指导,进一步找到自己的差距和不足,明确今后的改进方向。

点评:这是一个比较好的开场白,这位竞岗者使用轻松谦逊的语言表达了自己对领导及其他听众的"客套",让人在不知不觉中放松了警惕,打开了心理防线。

但是,陈述感激之情要恰如其分,不能有过分的溢美之词。因为凡事超出了度,就会产生适得其反的效果。

引 用 式

这种开头就是引用大家熟知的名言、隽永的格言、广为传诵的诗词、奇巧的比喻、奇句怪词等,吸引听众的注意力,为自己展开主题作必要的铺垫。

例：这是习近平主席在2018年4月博鳌论坛年会开幕式上发表主旨演讲的开场白：

"久久不见久久见，久久见过还想见。"习近平主席在演讲开头引用了海南经典民歌《久久不见久久见》的这句歌词。婉转、深情的歌词体现了合作共赢的善意、改革开放的诚意，也是对期盼和期待真心实意的回应。

这个开头虽然同样是客套，但演讲者巧妙地引用了一句诗，就显得不同凡响，富有文采。

提 问 式

这种开头往往以一个悬念激发听众的兴趣，引起思考，从而一下子把听众"抓住"。

例：今天我站在这里，大家可能首先想问："这是谁？"是的，作为一个刚来单位的新人，现在我就认真地向大家汇报一下我的情况。

介绍新鲜事物

为了引起关注，在演讲的开头可以尽量多准备一些不同类型的话题，如一些与个人或单位相关的时事热点、新闻、评选、奖励等，更容易引起评委和听众的兴趣和热情。但这些话题应该都是比较新鲜的，陈旧的东西吊不起人的胃口。

也可拿出一些道具，如实物、模型、图片、多媒体演示等。

情 感 式

通过开场白,打动听众,触发听众的某种情感,如同情心。

例:各位评委,下午好:

这是我第二次站在这个讲台,在去年的评选中,我名列第十一名。但是,我并不气馁。"崇尚杰出,追求卓越",已成为我人生奋斗的目标。一年来,我继续拼搏,做出成绩。在去年12月和今年4月,我领导的污水治理工程获得了国家颁发的"中国人居环境范例奖"和"中国市政金杯工程示范奖"。

点评:第二次、第十一名,这两个数字会巧妙地引起评委的同情心,同时由于工作业绩十分突出,他在这次比赛中得到了第一名。

借 景 式

就是利用一片"风景",如现场的景物、氛围等。

例:今天早上我们大家心情很好,因为我们难得地在北京看到了"晴空万里,白云朵朵"。在这里参加新能源建设会议,目的就是为了开发更多的节能环保的新能源,让大家能享受更多的"蓝天白云"。

当然,开头的类型多种多样,这里不一一列举,下面谈开头的两点注意事项:

一忌离题太远。开场白一定要为主题服务。不能故弄玄虚,为开场而开头,要为更好地营造气氛、拉近距离、留下好印象服务。

二忌语言啰唆。竞争上岗演讲是有明确时间限定的,开场白的语言要高度概括,简洁精炼,表明自己的意图,不能啰唆。

好演讲要有精彩的"一、二、三"

（河南大学出版社）

要让人记住,"层标"的提炼十分重要。

好的层标要鲜明、概括、有逻辑性、简洁、生动。

提炼层标的秘诀有三:学会归纳几句话,运用数字串联法,运用词语串联法。

竞争上岗演讲稿常见的主体为:介绍个人简历,阐明自己参加竞聘的理由和竞聘该职位的个人优势,提出自己的工作设想与方案。

演讲主体常见的毛病是"脚踩西瓜皮——滑到哪儿就是哪儿",或者"手抓一团麻——剪不断,理还乱"。

要预防这些毛病,首先每个部分都要确立有效的层次,并做到:抓住主题,有序展开;突出重点,详略得当;层次清楚,层标新颖;依纲演讲,活而不乱。

层标就是指每一段前面的小论点、小标题。好的层标有这样的特点:

鲜明——"树起一面旗"。

概括——"一目了然"。

有条理——是"横、纵",还是"正、反"(并列、递进、对比、总分、连贯）。

简洁——"少到一个字"。

生动——"新、奇、特、美"。

下面就通过一些例子来介绍提炼层标的方法。

学会归纳几句话

各级领导参与重大活动或者到基层考察时经常使用这个方法，例如："我讲几句话：一是热烈祝贺，二是真诚感谢，三是良好祝愿。"然后再分层描述。

运用数字串联法

朱镕基总理在九届人大一次会议后答记者问：

我可以把我们的施政纲领简单地概括为"一个确保、三个到位、五项改革"。

温家宝总理在第一届任期开始时答记者问：

我曾经把今后的工作概括为四句话。第一，实现一个目标……第二，抓住两个关键环节……第三，解决三个重大的经济问题……第四，推进四项改革……

运用词语串联法

德力西集团董事局主席胡成中总结浙商精神：

"四千"精神、"两板"作风和"饥渴"理论："四千"精神——千方百计、千辛万苦、千言万语、千山万水；"两板"作风——白天当老板、晚上睡地板；"饥渴"理论——因为浙江人多地少，大部分农民洗脚上岸，"有饭吃饭，有水喝水，只要能填饱肚子就行"。

洪昭光教授演讲：

"健康的钥匙握在你自己手中"，什么是合理膳食呢？两句话，十个字：

第一句话叫做：一、二、三、四、五……

第二句话叫做：红、黄、绿、白、黑。

"红"：一天一个西红柿。

"黄"：红黄色的蔬菜等（胡萝卜、西瓜、玉米）。

"绿"：绿茶。

"白"：燕麦粉、燕麦片。

"黑"：黑木耳。

下面以几例成功的竞争上岗演说词进行分析。

【例一】竞争副处岗位演讲稿的主体结构。

内容分三部分：

一是我的工作经历。

二是我的个人优势：

第一，具有坚定的政治头脑和高尚的人格魅力。

第二，具有良好的组织管理与协调能力。

第三，勤于钻研业务，有一定的文字功底。

三是我的工作设想：

第一，摆正位置，当好助手。

第二,加强学习,提高素质。

第三,与时俱进,开拓创新。

点评:在个人优势部分,十分鲜明地提出了个人长处,工作设想部分又结合副处岗位特点突出了副手摆正位置、加强学习、开拓创新的宏观要求。

【例二】竞争办公室副主任演讲稿的主体结构。

优势与打算概括为"四动":

一是感动,二是心动,三是激动,四是行动。

如果当选,当好四员:参谋员、服务员、协调员、管理员。

如果落选,做到四看:一是正确看待结果,二是正确看待不足,三是正确看待别人,四是正确看待现职。

点评:这里优势与打算在结构与层次上有点混乱,优势更像是开场白,打算与表态又结合在一起,重点不突出,阐述也不集中。

【例三】竞争副处岗位演讲稿的主体结构。

个人优势:

一是基础扎实,二是熟悉业务,三是事业心强。这些年所获奖励。

今后打算:第一,增强学习意识;第二,树立创新意识,第三,强化现代意识。

点评:条理清晰,概括性强,语言精练,逻辑性强。

【例四】竞争正处岗位演讲稿的主体结构。

我的汇报可概括为:一个认识,两个动机,三个条件,四个打算。

一个认识:对竞争上岗的认识。

两个动机:一是向大家汇报自己这几年的工作,二是认为这是一次锻炼和提高自己的机会。

三个条件:参加竞争上岗的条件(优势):

第一,具有一定的实际工作能力。

第二,具有一定的组织协调能力。

第三,具有良好的个人品德修养。

四个打算(今后工作思路):钻研、求实、和谐、创新。

点评:巧妙地运用数字一、二、三、四,有机地将演讲的主体串联在一起;在优势方面重点从德能方面阐述,在工作思路上以四个词八个字进行概括,十分醒目精炼。

令人难忘的精彩结尾

（河南大学出版社）

结尾和开头一样重要，同时也很难写。"头难起，尾难落"说的就是这个道理。

明代诗人谢榛对诗的开头和结尾有两个独到的比喻："凡起句当如爆竹，骤响易彻；结句当如撞钟，清音有余。"意思是开头要不同凡响、震撼人心，结尾则要意犹未尽、耐人寻味。

下面就介绍竞争上岗演讲中几种常见的结尾方法。

总　结　式

在演讲稿的结尾，用几句话把演讲的内容及观点进行概括，使评委及听众的印象更为清晰。

例：简而言之，根据我们在自己东部、西部、北部使用这套机器的经验，它操作简单，效果很好，运行稳定，再加上能比从国外进口机器节省大量费用，技术人员能进行全程服务，所以我真诚而恳切地建议，请使用我们这个系统并聘用我们，我们一定不会让你们失望的。

表 态 式

竞争上岗总是有上有下,如果在结尾处表明竞岗者对竞争成败的态度,将更好地展现个人坦荡的胸怀。一般要表现二层意思:一要表示一旦竞争上这个岗位而干好工作的决心、信心,二要表明一旦竞争不成功则自己能上能下的态度。

如果要表现得更为积极主动些,则可以在结尾表明自己对竞争上岗的信心与决心。决心与誓词是一种精神的鼓舞,具有振奋人心的力量。

例一:尊敬的各位领导、各位评委、全体战友们,竞争上岗有上有下、有进有退,上也好,下也好,一如既往;进也好,退也好,一片忠心。让我们一起风雨同舟,为实践"科学发展观",为了社会保障事业的美好明天而努力奋斗吧!

例二:竞争的目的在于择优,竞争的结果有上有下。如果这次能够竞争成功,我想引用丘吉尔的一句话表明我的态度:"我没有什么可以奉献,有的只是热血、辛劳、眼泪和汗水。"如果我没有竞争成功,我也用古人的一句话以自勉:"不可以一时之得意,而自夸其能;亦不可以一时之失意,而自堕其志。"勤奋地学习,努力地工作,诚实地做人,踏实地做事,将是我对自己无论功过成败的一贯要求。

赞美祝愿式

渴望表扬和赞颂是人之常情,祝愿则是描绘出一张令人向往的蓝图。评委与听众在听演讲时有易受感动的一面。因此,演讲者在结尾营造一种和谐美好的气氛,使大家产生一种非常愉快、非常激动的情绪,会让人更乐于接受演讲者的观点。

当然,这种赞美与祝愿必须是发自内心、充满真诚的,不可夸大其词和阿谀奉承,显得虚伪的话,就没有人会接受。

例一:把我诚挚而热情、真诚而美好的祝福奉献给以"慧眼识人"著称、付出辛勤劳动的各位评委们,祝愿你们权威更高、德望更高!

例二:常言道:到什么山上唱什么歌,干什么吆喝什么。我卖彩票5年了,在此建议大家多多购买福利彩票,祝愿大家都能中500万元大奖,愿每一个人都拥有幸福的人生。谢谢大家!

祈求支持式

竞争上岗者在演讲结尾直接用炽热的语言祈求听众的支持,可以强化听众的倾向性,促使听众投赞成票。

例一:各位评委、各位领导、各位同事,恳请你们继续给予我关爱和支持。您今天的关爱和支持,是我明天工作的强大动力;我给您的回报,是加倍地努力工作,为我省教育事业做出新的更大的贡献!

例二:最后,我要说,"请投我一票",我将是你们最好的领导。

幽默哲理式

好的结尾要写得恳切、有力,意近旨远,给人留下深刻的印象。用一些幽默的话或富于哲理性的语言结尾,既能形象而深刻地提示宇宙和人生的真理,起到画龙点睛的功效,又可以发人深思,增加演讲的感染力,使听众如品香茗,回味悠长。

例一:一位竞争正处级岗位的领导是这样结尾的:"今天参加竞争上岗,我带来了两个东西,一个是一张白纸,我希望我能在这张白纸上画出最美好的图画;一个是一截红线,我希望能用这根红线把同志们都牢牢地系在一起,为了最伟大最美好的目标,大家团结协作,共创新的辉煌。"该结尾形象又生动,很能打动人、感染人。

例二:古人云:天行健,君子当自强不息。人生就像考场,考试无处不在。当你和同行交流业务的时候,你会发现除了业务上的沟通,更多的是素质的碰撞;当你参与推进改革的时候,你会发现除了娴熟的业务,更需要协调沟通与真诚服务;当你独立完成某项工作的时候,你会发现除了知识的运用,更大的压力来自责任意识和对完美的追求。

动听的声音最能"俘虏"人

（河南大学出版社）

声音具有特殊的魔力。美国学者曾提出过一个公式：口头信息表达的总效果＝7％的语言＋38％的声音＋55％的面部表情。从中我们可以看出，在面试中，除答题的内容外，应试者的表情、声音等其他因素对面试成绩的影响也不可小视。好的声音表达有以下特点：

语音准确——字音声调要标准；

吐字清晰——字字清楚不含糊；

声音响亮——音调音量要合适；

表达流畅——不"吃螺蛳"不冗余；

节奏起伏——抑扬顿挫有快慢；

感情充沛——声情并茂动人心；

口气自然——演讲真谛是自然。

这里提出几点具体的建议：

说普通话。一些考生家乡话口音比较重，在个别字词的表达上会产生歧义，因发音不准而造成与考官交流的障碍。面试时最好说普通话。这要在平时加强练习，将说普通话变成习惯。如果平时不说，考试时才说，就有可能影响考生思维的流畅，得不偿失。

声调要抑扬顿挫。抑扬主要指语调,我们在讲话时常用四种语调:平直调、昂上调、降抑调、弯曲调。顿挫主要包括生理停顿、语意停顿。要注意轻重缓急,轻重主要指语法重音、修辞重音、强调重音。说话时应根据语义、语法及思想感情表达的需要,掌握语法重音和逻辑重音,而使语音显示出高低、抑扬、快慢、轻重和停顿等变化。

同一句话,运用不同的声调、停顿重音会有不同的意义。例如这个最经典的句子:"男人没有了女人怎么办?"可以有多种不同的意义。

面试中,不能老是用一种语调陈述,因为考官们已经坐了几个小时,甚至是一天了,相同的问题及回答都听得太多,都很疲倦,这个时候如果你的声音还是从头到尾一个调,会让考官反应迟钝,对你的打分可能也不会和别人相差多大。

音量要适中。声音要洪亮,但不要过于高昂,毕竟这里不是大会堂,面试也不是演讲;但也不能过于低沉。有些考生说话声音过于柔弱,考官听起来很费劲,甚至听不清,即便内容很好,声音没有感染力,也得不到高分。声音的大小要让坐在4—8米之外的考官能够清晰地听到。有些考生声音不大,但清晰且有穿透性,就像话剧演员和一些常年讲课的老师,秘诀就是腹部发音。声音小的考生,最好的办法是每天大声朗读一段文章,时间大概为20—30分钟,不但锻炼胆量,还可以锻炼声音的力度,提高语言表达能力。

【案例】有一次下午的面试,一个女考生就做得很好,声音又大又亮又有底气,大方得体,不拘谨,很有自信,把昏昏沉沉的考官说醒了,取得了不错的成绩。

语速要适中。考生由于紧张,语速容易过快。中央电视台播音员一分钟的时间里,能播 180 个字,考生可能会说得更多一些。但有些考生语速过慢,一分钟说不到 100 字,这就直接影响了内容的表达。毕竟面试时间有限,多说一些才能让考官更好地了解你。在平时可以多练一些,最好能时刻控制语速的变化。

语气要平和。面试时回答问题,语气相对以平和为主,不宜过于激烈。考生是在阐述观点,并希望说服考官,但也要根据内容有所变化,变才能有生气、有感染力,不至于让人昏昏欲睡。

所有这些技巧性问题,根源在于考生内心的自信。考官也会从声音的变化中评判你的心理。

平时可以多看一些电视访谈节目,多加以练习。一面镜子,一部录音机,这些都是练习的辅助工具。

只要多练,就会有大的进步与提高。

演讲时的"五要"、"三不要"

（河南大学出版社）

演讲，由"演"和"讲"两个字组成。

演讲要感染听众，要注意必要的体态语，目光要集中，语速要适中，语言要尽可能流畅。

竞争上岗演讲不同于一般场合下的演讲，面对的听众主要是评委，他们要依据竞岗者的演讲来判定你是否适合所竞争的职位。因而要以此为主题，向听众展示自己，博得好感与赞同。另一部分听众是你的同事，他们对于你的演讲有时也要发表意见，即使不参与投票，他们的情绪反应仍会影响评委对你的评价。如果你能在演讲的气势上胜过别人，在演讲的内容上使听众心服口服，那么你成功的把握就大了。

下面介绍一些可能用得到的知识和注意事项。

内容要感染听众

首先要内容充实、可信，调动出自己的真情实感。要用有说服力的事实证明你的知识和技能、工作经验、特长等适合竞聘职位的要求。

体态语要恰当

可以考虑在表达重要信息时,运用形象的手势和表情以便于听众理解,还可以适当运用一些必要的图表等材料。

语速要适中

语速可以参考新闻主持人的播报速度,较易为人接受。初次演讲者,因心情紧张,虽然自己不觉得,但说话速度可能已经让人觉得太快了,这时要注意调整。

话语要流畅

台下练习时不要强记,而要根据要点使主要的思想和观点了然于胸。演讲时,要根据听众的反应,调整具体的语气和用词。如果在台上背得太流畅,虽然给人很会说话的印象,但会缺乏令人感动的气氛,也不利于调动自己的情绪,难以引起共鸣。

目光要集中

眼睛不要四处乱看,目光要集中在正前方。每隔一定时间,可以沉稳地扫视一遍全体听众。在讲到重要内容时,说话速度可稍放慢,语气加重,同时扫视听众,形成一定的互动,并有效地吸引听众的注意,使他们更好地理解。

演讲时要克服以下三个常见的小毛病。

不要念稿子

你可以带稿子上台,但不要过分依赖稿子;否则,就会成为念稿而非演讲。你可以把要点写在小纸条上,字的大小最好能稍微一瞥就看得清楚。记住要点,临场发挥,效果更好。

马云演讲时就经常拿几个小卡片,看一下要点。

不要使用过多的语气词

演讲前反省自己是否有惯用的语气词,如"嗯"、"哈"、"哪"等,有的人每句话就要带一个口头禅,使人听了厌烦,也表明演讲者缺乏自信,思路不清,准备不充分。

最简单的测试方法是用手机的录音功能,录制一段,自己听一下,再改正。

不要自我标榜

自我表现要诚恳,言之有据,这不同于自我标榜。自我标榜会使人反感,产生抵触情绪。

"包装"自己,给成功加分

(河南大学出版社)

俗话说得好:人靠衣装马靠鞍。

政坛上有许多关于着装影响一个人命运的例子。记得撒切尔夫人当年竞选首相时,穿的是一身淡绿色西装,展现出青春向上、昂然奋发的风采。而对手仍然是一身灰西装,老气横秋,毫无生气。仅从服装上,成败已定。

面试仪表举止也是测评竞争上岗者的一个重要因素。面试讲究两个关键词,即"面对面"与"匹配性",通过面对面地交流对一个候选者的综合素质及合适与否做出客观评判。这种评判标准源自内容和形式两方面,内容通过试题作答来考察,而形式的考察便从考生走上考场就开始了。仪表举止是气质的表现,气质源于内涵,内涵源自积淀,积淀有赖日常习惯。

因此,装饰"门面","包装"自己,也是竞争者要考虑的一个细节。

最佳形象

平时,我们可以只顾及自己的品位,随着心情去追随潮流或者自创风格,但在面试中,"包装"的理想效果是:你虽然精心修饰过,但却看不出修饰的痕迹,也让人挑不出毛病。你必须给自己定一个调子——"我要凭我的个人形象来赢得面试官的首肯"。

服饰和装扮本身就是一种无声的自我介绍,有经验的面试考官会从这里读出你所要表达的内容。比如:服饰和装扮与你的气质相协调,与你的举止相符合,与时间、环境、气氛相协调,别具风格而又自然大方……这些能吸引面试考官的注意并让他心生好感。

着装的艺术

基本原则是:选择正式、得体一些的服装,符合干部职位着装的基本要求。一般而言,面试官评判面试者服装的标准是:协调中显示着人的气质与风度;稳重中透露出人的可信赖程度;独特中彰显着人的个性。

着装的最高境界是自然协调,如果你的衣着首先与你自己的个性、品味不协调的话,就很难与面试的气氛相一致。面试的着装要郑重一点,因为考官都是些几十岁的人了,不太习惯太超前的东西,看着就会感觉有些浮躁。

男性:可多选择一些西装,如衬衫、西裤、皮鞋等服饰。看起来精神气质好。但衣服不必名牌,不必太贵。颜色深浅都行,最好穿浅色西服。打不打领带都无所谓,通常不打领带会更好。有的考生平时从不打领带,一打领带看起来特别僵硬、不自然,建议面试时就不要打领带了。但是,千万别穿得太随便。

女性:大可不必千篇一律地选择职业套装。在不失优雅的前提下，可以有更多选择，但要庄重大方。服饰的选择与妆容的修饰要能体现出自身的稳重与干练，能够凸显自身优势，这样就能够给考官眼前一亮的感觉。但是，最好不要穿色彩太过鲜艳的衣服，可以穿浅色套装。

面试的着装要郑重一点，但也不必为此而改变你日常中一贯的形象。比如，如果你从来不穿西装，大可不必为了面试而开创自己的一个新纪录。要学会从你过去的无数形象中选择和面试相匹配的形象。要相信自己的审美能力和身旁众多"参谋"的审美能力。

色彩是服装的重要语言符号。面试官无意中会被你服饰的色彩语言所打动。红色热情、积极，它显示着你强大的个性张力，表达着你强烈的主观意识和表现欲望。面试考官习惯了沉闷的灰黑色，红色的感染力很容易打动他们，令他们精神振奋，印象深刻。但是，太浓烈的红色会使人有排斥的情绪。绿色象征着平衡与和谐，它表达着你的协调与理性，在告诉面试官你办事干练可靠。这是面试官一般都可接受的色彩。蓝色宁静，它表明你稳重而保守。冷色调是男士面试时的最佳选择，它们给面试官留下的印象是沉稳、牢靠、坦诚、朴实、冷静和负责。女士在红色外可选择中性色彩，它们向面试官传达的是你的亲切、善良、自然和大方。

服装的款式又是另一种语言符号。面试中，着装的款式宜简单、朴素、不抢眼。服装的款式可分为"风格式服装"和"门面式服装"。"门面式服装"纯为包装自己以博取别人的好印象，所以适用于面试中，如西装、套裙。但是，如果一款"风格式服装"能展现你的个性，又与面试的气氛相融合，又何乐而不为呢？

发式的选择

面试是一个比较正式的场合,不要把你的头发搞得古里古怪,以至于面试考官忍不住怀疑你来面试的目的。

一般时候,你只要遵守一个原则就够了,即:头发整齐、干净、有光泽,能够显露出你整个面庞,不遮遮掩掩。当然,如果你果真能找到一个既符合你的个性、又符合面试的时间与地点的发型,那最好不过了。

男性的头发比较好打理,因为可供男性选择的发型不多。如果男性面试者想简简单单理个发就行,那就应该早几天理发。最好头一天洗下澡,看起来庄重、大方、干净、利落。

女性的头发最忌讳有太多的头饰,大方自然才是真。所以,不要弄什么"爆炸式"的发型,高挽的头髻也不可取;披肩的长发已渐渐被接受,但应稍加约束,不要让它太随意。有些女性提前专门换了一个发型,不见得好。因为你自己都有点不习惯,你会不太自信。发型跟平时相差不大就行,不要过于隆重。

面部的化妆

是否化妆?应当根据个人情况确定,如果"底版"好,素面朝天,展示你的本来面目就行;但如果对长相不自信,化一点淡妆会让人看起来更舒服,考官会感觉更好。切忌化太浓的妆。最好略略将面容修饰一下,让自己看上去身体健康、精神焕发就已足够。

眼睛是情绪交流的焦点，一双明亮而自信的眼睛必然会给自己的面容增色不少。所以，要注意修饰一下自己的眼睛，但不要露出修饰的痕迹，切忌在眼睛四周描上黑而深的眼影。

年轻的女性可使用口红，但要淡一些，以防给面试官血盆大口的感觉。唇线不要画得太深，否则会让你的嘴唇显得突出、虚假。

面试的早上，冲个淋浴会使你容光焕发，早餐中不要吃大蒜、洋葱，亦不要喝酒，要让你在面试中的气味像初春的微风一样清新怡人。

女性是否穿高跟鞋？一般来说，穿高跟鞋看起来更有气质，但样式以深色为好，跟不要太高，走路不要太响，引起考官"过分关注"就是失败的。

杜 绝 饰 物

面试官的目光是挑剔的，他总能从你的小饰物上看到种种负面信息：你一身珠光宝气，他就会认为你有钱、好消费，用不着对工作不见得热心；你精心装饰，他会认为你太好打扮自己，而在工作上低能；你花枝招展，他会觉得你好引人注目，虚荣心强；你衣饰古怪，他会想到你爱玩，不专注，工作上不值得信赖。一句话，你只要戴上饰物，面试官就有理由产生此类联想。所以，面试中最好杜绝饰物。

体态语,无声胜有声

(河南大学出版社)

体态语具有展示内在素质的功能。

体态语一般指手势、身势、面部表情、眼神、人际空间位置等一系列具有内在意义的动作。研究结果表明,体态语具有交流思想、传达感情、昭示心理、表示社会联结关系的各种功能,具有一定的社会性与确定性。因此,体态语对内在素质的评判具有很高的参考价值。

考官对应试者体态语的观察和分析主要包括以下几个方面。

面部表情的观察

面试考官借助于对应试者面部表情的观察与分析,可以判断应试者的情绪、态度、自信心、反应力、思维的敏捷性、性格特征、人际交往能力、诚实性等素质特征。

身体动作的观察

在面试过程中,人的身体、四肢的运动在信息交流过程中也起着重要作用。非语言交流的躯体表现包括手势和身体姿势。按照某些行为科学研究者的看法,手势具有说明、强调、解释或指出某一问题、插入谈话等作用,是很难与口头的言语表达分开的。手势在人际交往中,往往是经过推敲而运用的。手势的运用是与身体姿势相关联的。借助手势与身体姿势人们可以表达惊奇、苦恼、愤怒、焦虑、快乐、自信、灰心等各种内在心理活动。

在相同的文化背景中,人们的有些表现往往是相似的,有时言语表达不够用了,身体姿势与手势的运用就是必需的。在面试过程中,具有不同心理素质的人,其身体动作的表现形式是不同的。

一个情绪压抑、郁闷的人除了目光黯淡、双眉紧锁之外,还可能两肩微垂,双手连续地做着某个单调的动作,身体移动的速度相对较慢,似乎要经过很大的努力才行。

一个情绪急躁、焦虑的应试者,常常会有无休止的快速手足运动,双手可能在不断颤抖。

一个行为退缩、缺乏自信和创新精神的人,会始终使他自己的双手处于与身体紧密接触的部位(如双手紧插在衣兜里等),头部下垂。

一个人紧张而烦躁不安时,往往出现这样一些身体动作:身体坐不稳,仿佛座椅使之感到不舒服,膝盖或脚尖有节奏地抖动,手指不停地转动手里的东西,相互摩擦,摆弄衣服,乱摸头发等。这些动作往往是一个人感情的自然流露,是无声的表白。

以上这些身体动作都会给人带来不好的印象,应当避免。

身体姿势的改变也是身体语言中很有用的一种形式。因此,在面试中观察这种改变可以得到从言语交流中得不到的东西。比如,面试时被试者开始可能以某种自然的姿势坐在椅子上,但没有任何明显的原因,他就改变了姿势,双手交叉在腋下,向后靠在椅背上,或者跷起一条腿等等。这些貌似无关的变动可能反映了应试者内心的冲突和斗争。此时,他嘴上说的和心里所想的往往不是一回事。

面试考官通常会通过观察应试者的体态语来加强对考生的了解。应试者在面试时要有意识地使用好身体动作,增强表达效果。

眼神的使用

眼睛是心灵的窗户。在面试中,应试者常出现的毛病可以总结为:只看讲稿不看人,不断瞥视神不定,频繁眨眼搜肚肠,目光茫然暗无光。因此,可灵活运用点视、环视、对视、扫视等方法,基本原则是:眼睛一般要看主考官。在听题与答题时,与考官不时有眼神交流。眼神要传达出热情自信。不要过多受考官情绪影响。有些竞争者过于在意考官的表情,看到考官高兴,自然情绪好;看到考官严肃,就情绪紧张;看到考官有些烦躁,就草草收场。作为一个岗位的竞争者,对事情要有一定的判断力,在有限的时间内按思路最好地呈现自己,不要留下遗憾。

让脸"活"起来

大多数应试者因为不自信,过于紧张,表情单一、呆板,从头到尾就是一个表情,犹如戴着一张面具。当然,在面试这种相对庄重严肃的场合,应试者的面部表情不能过于夸张,但应当配合你表达的内容适时变化,更好地诠释你的思想。按照你在生活中与人沟通时的正常表现就好了。试想,一张面具是"死"的,而要让人聆听并受到感动,请让你的脸"活"起来。

"解放"我的手

在面试体态语中最常用、给人印象最深刻的是手势,我们熟知的列宁、毛泽东、周恩来等都有独特的、经典的手势。日常生活中,手势能有效地加强思想及内容的表达。手势运用的基本原则是准确典型、简洁明快、协调有力、美观自然。一般来说,手掌向上、向前、向内,表示希望、肯定、成功等积极意义;手掌向下、向后、向外,表示批判、否定、轻蔑等消极意义。

让人看着舒服

在面试中,走、坐、站三个体态构成了全过程。

走姿:进场与出场时走路,要挺胸收腹、干脆利落、精神饱满,给人一种昂扬向上的感觉。不能拖泥带水,萎靡不振。

坐姿:一般要将手放在桌上,坐在椅子上的一半,身体向前倾12度,这样比将身体全部陷在椅子里要看起来精神;身体坐好后要稳定,不能来回摇摆。

站姿:胸挺起,肩放平,脚略分,重心稳,人站正,身挺直,给考官一种挺拔向上的感觉。

交往篇

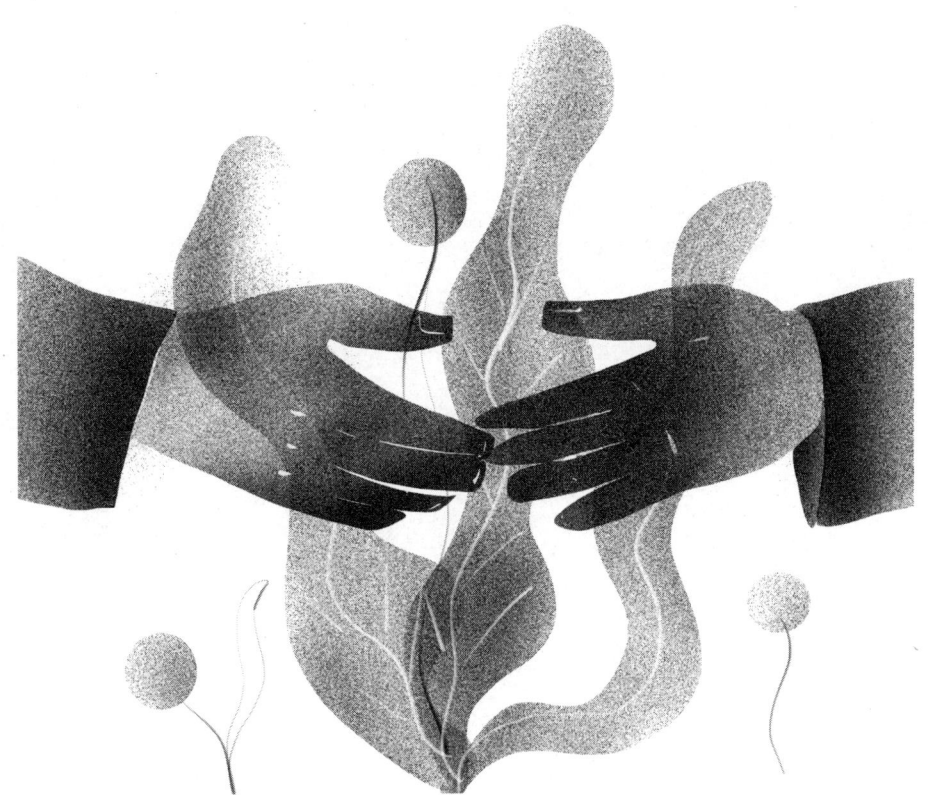

社会是个能量场。
了解人性的特点，
掌握交往的原则，
学会交往的技巧，
才能够事半功倍。

人生必须要结交的六种朋友

（朗诵：竹林听雨）

说到朋友，我们会有无穷的比喻：朋友是大雪中的棉衣，朋友是迷茫中的灯塔，朋友是寒冬中的暖炉，朋友是荒漠中的绿洲，朋友是关键时期的靠山……

古人说：千金易得，知音难求。鲁迅说：人生得一知己足矣。做一辈子的真心朋友，何其难也。漫漫人生，多交这六种朋友，你的人生才会更加丰富、充实、幸福、圆满。

要交正能量的朋友。根据心理学说法，个性有明媚暗沉，色彩不同，虽然各有利弊，但乐观向上、阳光思维的个性会更利于度过灾难困厄。所以，当你前行的时候，请多与有理想、有追求、积极乐观、阳光思维的人交往，他们会开导你、鼓励你，指明道路，笑迎风雨，不至于对你宣泄负面情绪，引你走向毁灭，甚至撒手人间。

要交趣味相投的朋友。这个趣味，当然是指共同的人生追求、共同的修养癖好、共同的欣赏品位。共同的志趣，滋养一生，犹如一坛老酒，绵长醇厚；犹如一杯清茶，清香无比。

要交不言利禄的朋友。天下熙熙，皆为利来；天下攘攘，皆为利往。当今社会，很多人把金钱功名摆在第一位，无利不起早。交往的时候,有所图谋,有价值时,趋之若鹜如赶集;无价值时,门前冷落车马稀。世人要清醒自知,远离浮华,得时不狂,失之不忧,看清真相。

要交淡如水的朋友。真正的好茶要慢慢品,过于浓烈的酒会上头。人生几十年,君子之交淡如水。有来有往,互相尊重,保有距离,才能长久。你不能介入对方生活太深,朋友有需要时能伸手,朋友不需要时能关注,最是情浓在平时。

要交经得起考验的朋友。你朋友圈里的朋友成百上千,当你遇到坎坷困难,有的人会渐渐远离,你不要痛苦,也不要遗憾;有的人会向你伸出手,义无反顾支持你,雪中送炭帮助你。真金不怕火炼,好友不怕考验,不离不弃留下的才是真心朋友,你要格外珍惜。

要交时常联系的朋友。中国有句古话:远亲不如近邻。这说明一个道理,只有经常联系,感情才能不断加深,友谊之树才能长青。有些朋友很好,久不联系,时空远隔,情感也会变淡。常联系、常问候、常见面,同聊天、能倾诉、会体贴,你中有我,我中有你,不远不近,共游大好山水,共赏春花秋月,共听优雅音乐,共度漫漫人生,何其乐哉!

永远唱不厌、听不厌那一首老歌《友谊地久天长》:
怎能忘记旧日朋友,
心中能不怀想,
旧日朋友岂能相忘,
友谊地久天长!
……
友谊万岁,
举杯痛饮,同声歌颂,
友谊地久天长!

正能量朋友,你生命中的贵人

(朗诵:品味)

物以类聚,人以群分。世界是一个巨大的能量场,你要先做好你自己,才会吸引一些同频共振的人。

有缘人,跨越千里万里,只为相见,结为好友。

人生的很多机遇和成长,常常就是正能量朋友带给你的。

好朋友,人生低谷最坚强的臂膀

在《我的前半生》当中,丈夫陈俊生婚前对妻子罗子君承诺"我养你",婚后10年却出轨姿色平平的离婚女人凌玲。

当罗子君放低姿态乞求丈夫回头时,他却执意离婚,没有一丝留恋。

罗子君顿觉天塌地陷。她的好闺蜜唐晶,事业独立,收入丰厚,品位不俗,这时坚定地站出来,并引见了贺涵,从点滴小事开始,鼓励和帮助她。最终摆脱生活的困境,成功逆袭。

心理研究表明:每个人都要有一个良好的社会支持系统,它可以帮助你摆脱困境的束缚,帮助你从痛苦的深渊中走出来。

无论什么时候,无论富贵贫贱,正能量的朋友是你雨中的伞、冬天的炭,永远对你不离不弃,无私帮助,给你支撑,将你拉出人生的泥泞,面向阳光,走出困境。

好朋友,你事业上的指路明灯

1934的冬天,23岁的萧红和丈夫萧军,颠沛流离来到上海,穷得连喝粥的钱都没有。

经人介绍,他们正式拜见鲁迅。萧红对鲁迅相当崇拜,会背诵鲁迅的很多作品,鲁迅在生活中给予他们家人般的关照。

其后,萧红每天都要去鲁迅家。愉快地前来串门,拿自己不当外人,该帮厨帮厨,该吃饭吃饭,该闲谈一口气谈至深夜。几年中常常如此,直到鲁迅病逝前。

萧红是在鲁迅的引导下,步入文坛并引起关注的。

鲁迅之于萧红,是伯乐,是恩师,是慈父,亦是知己。

有些朋友,格局更高,能力更强,品格卓绝,他会在事业上给你指点迷津,让你少走弯路,踏上人生上行的通达台阶。

好朋友,助人是一种最大的善良

齐白石刚开始在北京的时候,名声还不大。经好友引荐去拜访梅兰芳,梅兰芳很热情地接待了他。

有一次,齐白石到一个大官家去应酬,满座都是阔人,他们看他衣服平常,谁都不来理睬。齐白石很窘,自悔不该贸然而来,讨此没趣。想不到梅兰芳来了，对他很恭敬地寒暄了一阵，座客大为惊讶，也使齐白石的画作知名度显著提升。

为此，齐白石很用心经意地画了一幅《雪中送炭图》，送给梅兰芳，题了一诗："而今沦落长安市，幸有梅郎识姓名。"后来，梅兰芳拜齐白石为师学画，坚持行了拜师之礼。

真正的大家，与人交往，从无贵贱之分，真心待人，善良助人，主动帮忙，提携对方，这是多么高贵的人格品质。

好朋友，让双方的事业插上翅膀

张小斐是杨幂的同学，但一直不火。

她和贾玲私下是最好的朋友，后来合作演喜剧，贾玲负责扮丑，而张小斐负责演女神，两个人的形象对比非常鲜明，给大家带来很多笑点，在春晚舞台上慢慢火起来。

春节期间，电影《你好，李焕英》大火，成为中国影史上第三部票房破50亿的电影。贾玲成为黑马大导演，张小斐的事业更是改天换地。她们互相成就，彼此成为贵人。

人生就是这样，低谷时的友谊：彼此支持，共同成长，坚强挺过。咬牙熬过最艰难的日子，终会迎来事业的高光时刻。

《荀子·劝学》篇中写道："蓬生麻中，不扶而直；白沙在涅，与之俱黑。"

让我们先做贝壳里的一颗珍珠吧，在黑暗中默默孕育成长，更新自己，修养身心，先做自己的贵人。

人生奇妙，你终会遇到喜欢你、欣赏你的贵人，为你打开一扇门，让你重见天日，发出夺目的光彩。

和正能量的人相处,与优秀的人同行

(朗诵:品味)

大千世界,人海茫茫。网上网下,朋友众多。

多数只是点头之交,少数可能是你的人生贵人。

人这一辈子,和谁在一起,真的很重要。多结交这四类人,你会抓住人生机遇,如虎添翼,活出更美的风采。

和格局大的人在一起

人是否有格局,是否有远大的追求,决定了他的舞台有多大,成就有多高。

有人说:"与智者同行,你会不同凡响;与高人为伍,你能登上巅峰。"

《三国演义》中,关羽曾是逃犯,推车贩货;张飞则卖酒杀猪。但是,他俩与刘备相识,桃园三结义,最后成就了蜀国大业,青史留名。

《西游记》中,孙悟空曾被压在五指山下,白龙马被困于鹰愁涧,八戒投了猪胎,沙僧最为痛苦,在流沙河里每七日经受百余次穿剑之痛。但是,他们跟着唐僧取经成功后,孙悟空被封为斗战胜佛,八戒被封为净坛使者,沙僧成为金身罗汉,白龙马被封为八部天龙。

如果你交往的人没有远大理想追求,蝇营狗苟,沉溺于庸常琐事,你的人生也会低到尘埃,碌碌无为。

和优秀的人在一起

有句话说:"跟着蜜蜂,就能找到花朵;跟着苍蝇,只能找到厕所。"

古时候孟母三迁也是因为这个道理,正是由于她不断寻找良好的氛围与品德高尚之人,才成就了一代大儒孟子。正所谓:"近朱者赤,近墨者黑。"

《增广贤文》里讲道:"损友敬而远,益友敬而亲。结交择德义,岂论富与贫。"

在你的周遭,你应当能清晰分辨出哪些人是最优秀的,与他们交往,就会不断提升自己,正所谓"与凤凰同飞,必是俊鸟;与虎狼同行,必是猛兽"。

优秀的人就像是一团光芒,照亮你,让你沐浴在光明之中。

和正能量的人在一起

正能量的人,他们会引导你,有如一个磁场,感染你,面向阳光,走出逆境,感到生命的快乐。

《荀子·劝学》中写道:"蓬生麻中,不扶而直;白沙在涅,与之俱黑。"意思是,蓬草生长在麻田之中,即使不用扶自会挺直;白沙混在黑土之中,会逐渐染黑。

在生活当中,有些人只会抱怨、吐槽,唉声叹气,一旦遇到挫折,只会向外寻找借口,寻找理由。跟这样的人在一起,你也会心情低落,情绪阴暗。

与颓废堕落的人交往,天空是灰色的,整天萦绕在耳边的是唉声叹气、抱怨不休,变得越发悲观。

与积极乐观的人在一起,内心会充满正能量。乐观向上、阳光思维的人会更容易度过灾难困厄。

所以,请多与有理想、有追求、积极乐观、阳光思维的人交往,他们会开导你、鼓励你,让你面向阳光,笑迎风雨。

和有能力的人在一起

俗话说:技不压身。古代有通过科举做官的,更有靠一门绝技千古留名的。

扁鹊的医术、王羲之的书法、李后主的词、顾恺之的画……

条条大路通罗马。郎朗师从了不少钢琴家,刻苦训练,终于扬名世界。周杰伦没有考上大学,但用他从小学习钢琴积累的音乐基础知识不断尝试创作歌曲,最后走上了音乐人的道路。

周杰伦曾说:"我觉得不平凡的人并不是书要念得多好,他要有一技之长……人要有一技之长,比学历更重要。"

结交高人,谦虚请教,打磨自己,习得一技之长,打造独特优势,就会开发潜能,凸显个人核心竞争力;不仅有了养家糊口的本事,更能一技在手,独领风骚;还能陶冶情操,滋养心灵,享受人间美好。

有人说:"一个人能走多远,要看他有谁同行;一个人有多优秀,要看他有谁指点;一个人有多成功,要看他与谁相伴。"

结交格局大的、优秀的、正能量的、有一技之长的人,你一定能攀登上人生的最高峰。

人和人相交：始于好感，合于三观

（朗诵：品味）

人海茫茫，遇人万千。

我们和无数人擦肩，

但大浪淘沙，千锤百炼，

没有几人能长久相伴。

冥冥中，有缘分在牵线，

但人和人能否深交，

还在于这五个方面：

好感、才华、三观、人品、舒服。

从表面到深层，从初见到长远，

路遥知马力，日久见人心，

就像穿鞋，合不合脚，自己知道。

始 于 好 感

人与人初次相见，

看到的是一个人的外在，

如得体的衣着、微笑的面庞、
暖心的提示、随手的帮忙。
往往是一些小细节,打动了你,
有了好眼缘,有了亲切感,
就有了进一步交往的期盼。

敬于才华

人们都喜欢和水平高的人相交,
能从对方身上学到丰富的思想、
深刻的人生理念和敏锐的观察力,
还能学到工作的思路,获得业务的指导。
钦佩对方,仰慕他的才华,
被他的内涵和魅力折服,
觉得交往肯定会有收获和进步,
才会主动联系、乐于深交。

合于三观

物以类聚,人以群分。
三观看着很玄妙,其实很实际。
体现在人们对人对事的看法上。
三观不合,无话可谈,
三观相合,心意相通,

说话办事，十分靠谱，

灵魂相吸，彼此懂得。

我们不会对牛弹琴，不会鸡同鸭讲，

但愿骏马并肩驰骋，雄鹰比翼飞翔。

忠 于 人 品

人生在世，人品第一，

厚德载物，重在德行。

德行并非一朝一夕的表现，

也无法刻意地隐藏或张扬。

真正长久者，要靠好人品。

善良是做人的根本，真诚是交往的前提。

厚道是积累的福报，宽容是相处的妙方。

好人品是你做人的底线，

好人品是一生的通行证，

好人品是你的最高学历，

好人品是你的无价之宝。

久 在 舒 服

让人舒服的人，才能长久不腻，

让人舒服的人，才能相处不累。

真正的朋友如一杯水，

虽是生命的必需,却淡而无味。
真正的朋友如一杯茶,
氤氲中,越品越有回味。
真正的朋友如一坛酒,
窖藏越久,香味越浓。

人生不长,贵在相交。
人生不易,知己难遇。
红尘三千,阅人无数,

当你遇到对的人,
始于好感,敬于才华,合于三观,
忠于人品,久在舒服。
真心换真心,一定要万般珍惜。
好好相处,不离不弃,
友谊相伴,人生才会阳光明丽。

交往篇

尊重别人,优秀自己

(朗诵:燕子)

人生活在社会上,

不是和自己玩儿,

而是和大家一起玩儿,

人不待见,羞辱践踏,生而何乐?

尊重别人是修养

人不论身份贵贱,

不管你是皇帝老儿还是平民百姓,

大家在人格上生而平等。

你永远无法感同身受地理解他人,

所以,不论对方衣着光鲜还是落魄褴褛,

都要给予相同的尊重。

尊重他人是你的礼貌,

尊重他人是你的修养,

尊重他人是你的美德,

尊重他人是你的智慧，

尊重他人是你的境界。

目中有人才有路，心中有爱才有度。

尊重是一朵盛开的花，

赠人玫瑰，手有余香，

愉悦了别人，芬芳了自己。

做好自己是关键

马斯洛在人的需求理论中，

提出人终其一生有五个需求：

从低到高依次为生理需求、安全需求、

社交需求、尊重需求、自我实现需求。

每个人都在内心深深渴望他人的尊重，

除了家人因爱包容、尊重你，

其他人你无法命令、也无法强迫，

只有做好你自己，才是唯一。

谁都不可能尽善尽美，

但要努力提高标准改变自己，

前方有目标，努力无止境，

唯有自己变得优秀了，变得美好了，

别人才会发自内心尊重你。

拥有好德行，尊重才长久

唯有德行，唯有人品，可立一世。
为人真诚善良，乐于助人，
处世还要有原则和底线。
这个社会，最是公道，
并不是你功名有多大，
并不是你赚钱有多少，
并不是你长得貌美如花，
就能赢得他人尊重。
要想长久，就要厚德载物，
严于自律，就要不断修行，
把自己打磨得越来越优秀。
虎豹同行，苍蝇逐臭，
优秀的人有正能量，引人靠近，
优秀的人自带光芒，给人力量，
自会有同频共振的人，
在共同优秀的路上，与你同行。
尊重最暖，尊重最贵，尊重最美。
认识自己，提升自己，做好自己。

余生,请靠近这六种人

(朗诵:竹林听雨)

滚滚红尘,人生风雨。白驹过隙,转眼人到中年。

在你打拼事业、忙于生活的时候,随着阅历增长,你认清了生活的真相,更加明白,要越来越靠近这六种人。

靠近你的挚爱亲人

生我者,父母也。情重者,兄弟姊妹也。请多把自己的时间留给你的父母、你的爱人、你的亲人们。春节期间热映的《你好,李焕英》票房达到40多亿元,还在攀升,最重要的是母女间的真情动人。千万不要给自己留下"子欲养而亲不待"的终生遗憾。多一些关心,多一些呵护,多一些投入,多一点相聚。你的每一份爱心都会得到回报,你的每一次到来都会收获微笑,你的所有投入都不会白费,都是人生最珍贵的。

靠近你的知心好友

一路走来,我们会在不同的学习、工作、生活场景当中结交很多人,有些感情很深,我们以为会一辈子相知,而有些却不知在哪个拐弯路口,不知什么原因渐渐走远。请一定要珍惜你的朋友,他们是上天在几十亿人中经过挑选派来与你相会的,要付出真情,经常相聚,困难的时候伸出援手,平时微信上的一个笑脸、几句留言、一个电话,偶尔节日同行,都会加深你们的友谊。珍惜才配拥有,在乎才会长久。不要因为太忙而忽略了联系,就像银行存款,没有存入,最后枯竭,不得不销了账户。

靠近让你感到舒服的人

乍见之欢,不如久处不厌。在交往当中,有些人让你一见如故,如沐春风,开心满满。有些人与你交往,有所图谋,虽然尽力伪装,但让人觉得功利心太强。我们喜欢那些三观一致、兴趣爱好相投的人,相互信任、尊重,有共同话题,交往轻松;喜欢那些温暖体贴的人,处处关心你的感受,默默为你付出;喜欢那些温润如水的人,彼此合得来,平淡如菊,淡雅生香,默默地开在你的人生路上,让你感到舒服惬意。

靠近那些有正能量的人

心理学上说,个性有明媚暗沉,色彩不同,虽然各有利弊,但乐观向上、阳光思维的个性会更利于度过灾难困厄。所以,请多与有理想、有追求、积极乐观、阳光思维的人交往,他们会开导你、鼓励你,指明道路,笑迎风雨;他们会引导你、感染你,让你面向阳光,从逆境中走出来,感受生命中的快乐。

靠近欣赏你的人

大千世界,不论是参天的大树,还是盛开的鲜花,或是平凡的绿叶,或是路边的小草……所有的存在,都有自己的价值。每个人都有自己的长处和不足。但是生活中总有几个人,他们懂得你、喜欢你、欣赏你、鼓励你,你和他们在一起感到特别自信。他们能不断地激发你的潜力,给你力量,让你明确人生目标,扬起生活的风帆,奋斗努力,走向成功。

靠近懂得感恩的人

我们常说:赠人玫瑰,手有余香。种瓜得瓜,种豆得豆。善有报答,心有回响。滴水之恩,涌泉相报。这些报答,不是金钱物质的多少,而是发自内心的一种铭记。当你帮助了一些人,哪怕是对方节日的问候或几句诚挚的话语,你都会感到特别开心。要多交懂得感恩的人,这些人会让你觉得付出有价值,感到助人的乐趣与意义。

人与人,相识于缘,相交于情,相惜于品,相敬于德。

人到中年,别在朋友圈显摆这些

(朗诵:燕子)

三国时,魏国文学家李康在《运命论》中说:"故木秀于林,风必摧之;堆出于岸,流必湍之;行高于人,众必非之。"

早几年,人人都发朋友圈,天天都发朋友圈。大到工作,小到吃喝,市井百态,苦乐生活,应有尽有。

但现在,越来越多的人不发朋友圈了,或者少发朋友圈了。很多人还设置为三天可见。慎发朋友圈,成为共识。

朋友圈变成了一把挥舞的剑,也许你无意,但有时刺伤了别人,有时伤了自己。炫耀显摆,更是轻则得罪人,重则惹祸上身。

别显摆你的财富

古人说:财不外露。太富了,让人眼红,遭人嫉恨,也遭贼惦记。更何况有些财来路不正,有些钱不太干净。

网红郭美美,最早在微博上以"中国红十字会商业总经理"的虚假身份炫富,名车名包傍身,北京警方也关注了,将正在参与网络赌球的她抓个正着,最后被以开设赌场罪判处有期徒刑5年。可气的是,她还把中国慈善事业的好名声败坏了。出狱后,她不思悔改,继续显摆,又因销售有毒、有害食品罪,近日被判刑两年多。

真正富有的人,从不屑于金钱带来的虚荣。日子是自己的,不是过给别人看的,你要做的是让自己由内而外"贵"起来。

人性最大的悲哀就是"高调而张扬"。在朋友圈,过分炫耀钱多富有,只会害人害己。

别显摆你的成功

古人说:"圣者无名,大者无形。"

最饱满的麦穗都是深深地低下头。真正聪明的人,位高而不自傲,才高而不自诩。他们在朋友圈不显山不露水,很少炫耀自己的高光时刻。

况且每一个人的成功,都是天时、地利、人和多项因素机缘巧合而成。

你今日走上人生高峰,但有人与你同路,却过得很落魄、很失落,心有不甘。他知道你曾经的奋斗、你的痛苦、你的煎熬,甚至也知道你"不太光彩的过去"。所以,显摆你的地位、你的权势、你的风光,可能是撒在别人伤口上的盐。

同患难易,共甘甜难。你的成功常常照见了别人的失败。

故君子成功不说,聪明不露,才华不逞。体谅他人,才是做人的厚道。

别显摆你的人脉

有些人，任何场合都喜欢拍照片，然后发在朋友圈里。显示自己人脉很广，证明自己风光无限。

君不见，当年范冰冰牛气冲天，偷税事发，有多少人拼命地删朋友圈照片。君不见，吴亦凡又酷又红时，北大一女生在校门口向吴亦凡喊话问好。违法事件一出，当天删掉置顶的合影。

现在这个社会，很多人过于浮躁。你无法了解别人，更看不透对方。所谓的好朋友，常常也只是点头之交。过于攀附，对方出了事，不删，怕连累自己；删了，让人感觉世态凉薄。

所谓人脉，不过就是人与人之间的价值交换。有位作家说：当你没有达到更高层次的时候，人脉是不值钱的。请记住，人脉不是追求来的，而是吸引来的。

花香自有蝴蝶来。你的实力才是你社交最大的底气。与其显摆你的人脉，还不如好好提升自己，靠自己的力量奋斗前进，让自己成为最大的人脉。

最好的贵人就是自己。做好你自己，福气自然来！

少发负能量的东西

其实，在朋友圈，还是可以发很多东西的。我曾专门问过一些年轻朋友，他们也不喜欢这三样：

过多的自拍精修图。有些人拍个照片，用修图软件反复地修改，修得像大明星一样,但已经完全失真了。

发一些负能量的东西。不要那么多的抱怨,不要那么多的眼泪,更不要那些污言秽语。谁的日子都不易,别再给爱你、关心你的人平添那么多愁绪。

发过于私人化的东西。生活还是要有一定的边界感。就像我们去别人家串门,我们一般都会坐在客厅,而不会贸然闯入人家的卧室。同样,我们卧室里的东西,犄角旮旯里的灰尘,一般也不太愿意让人看见。美景和芬芳才更美好。

朋友圈是生活的记录本,也是展示的好平台。朋友圈又是观察人的窗口,有时也是一面"照妖镜"。

人到中年,贵而不显,华而不炫。低调是远见,谦逊是智慧。

你的朋友圈,最好是一束温暖的光、一个开心的笑、一句鼓励的话、一股前行的力量,照亮自己,照亮他人,照亮世界。

愿我们彼此温柔相待

（朗诵：高霞）

人乃万物灵长，承天地灵性而生。

生而为人，彼此当以温柔相待。

一

去年我出了个小车祸，快一年了。前几天去一家机构鉴定的时候，医生说找不到原来的片子了，要求我必须重新拍片以证明伤情。虽然很烦，但没有办法，我还是跑到单位旁边的医院，按照要求再拍一个胸椎和腿部的片子。

医生很忙，但很耐心地问我拍片目的。我告知了原因，他说最好还是找以前的片子，因为以前的片子才能证明情况，已经一年过去了，很可能你的伤口愈合得很好，再拍新片实际上是看不出来的。

他费心地在电脑上帮我查找，并且打电话联系楼下的档案部，最后说加20元钱可以打出来。我到楼下，很顺利地打出了之前的片子。

按照这个思路，我又乘车到省人民医院。在2个医生、5个工作人员的协助下查询、办卡、交钱,开始刻盘。值守的小姑娘很温和,让我在里面的沙发上坐着等,半个小时后盘就刻好了。

我用不到50元钱,把片子全部打好。骑着共享单车往家走时,晚风拂面。我在这里被他们温柔相待,感到很温暖,忍不住唱起了歌。

二

亲人、朋友间的关爱也很重要。

我之前因为睡眠不好而深受困扰。前几天,在一次闲聊当中和雷兄说起这件事,他说他们正在开发一个"药品",能帮助睡眠,马上给我配制一些。

过了几天,药配好了,他让我去取。我说下午要去一个地方学习,时间太紧。他让女儿把两小瓶药包好,找了个UU跑腿,一个多小时就送过来了。花了40多元钱。

每天晚上,服下这爱意满满的小药片,睡得很香甜。

担心快吃完了,我有点焦虑。他又让女儿给我寄了好几瓶,还是快递。免费送药,还自付邮费。

三

这两天网上也有两个小故事,是陌生人之间、人与动物之间的小插曲,特别感人。

11月6日晚10时50分左右,一个广场的七鲜超市里,走进一位年轻人。他在店内铁板烧区域落座后,点了一份炒饭、一瓶啤酒,接了一通电话,情绪突然崩溃,不停抹眼泪……

这一幕,被正在给他炒饭的铁板烧师傅看在眼里,他默默煎了一根香肠和两个鸡蛋,随后在年轻人面前摆成了100分的形状。

突如其来的温暖,让年轻人愣了神,反应过来后他立即站起来,和铁板烧师傅握手道谢。师傅说:"这是我曾经用来哄我儿子的方法。"他说:"你还年轻,生活就是先苦后甜,你付出了肯定会有收获,以后回头看,这些都是很好的回忆。"

生活不易。成年人的崩溃在一瞬间,感恩那些来自陌生人的温暖。

近日,杭州萧山区车主李先生准备开车上班,却意外发现车子被"贴条"了。刚看到黄色纸条还吓了一跳,以为自己的车被剐蹭了。有人留言说明情况:"有只好像受伤的猫,钻进了您的车底。您启动车前请先看一下,我用快递盒在旁边做了个猫窝……"

原来纸条是一位快递小哥在送货时匆忙写了贴上的。车主发了朋友圈为小哥点赞!

四

世间万物皆有感应。《三字经》上说:人之初,性本善;性相近,习相远。

温柔地对每个人说话,给他人一个甜甜的微笑,乐于助人,尽己所能捐献……也许你觉得这不算什么,但小小的爱汇集起来,就汇成爱的江河。

你的爱传递给别人,别人接受了爱,再传递下去,就形成了爱的链条;这个世界就会充满光,充满暖,充满善。

赠人玫瑰,手有余香!

爱人、爱已、爱万物!

世界因我们的温柔,

　阳光正好,温暖明媚!

有话好好说

（朗诵：子木）

一

小张这段儿特郁闷。他在一个公司已经干了几年了，公司的老总50多岁，脾气火爆，尤其是今年疫情下形势不好，经营不善，更是动不动就开口骂人训人，把下属吓得都不敢去见他，一听他的电话浑身发抖。

单位一些90后、00后的员工挨了几次训，二话不说，钱也不要了，直接走人。他是考虑到还有房贷，还有老婆孩子，没有办法才忍住；但被痛骂时，也会忍不住找个没人的地方哭一场。他想一旦形势好转，容易找工作了，早晚要离开这个公司。

俗话说：有人的地方就有江湖，有江湖的地方就有恩怨。大部分的恩怨就是因为说话伤人而引起的。有人自以为是，把自己定位成世界的中心，仿佛全世界都亏欠他，语不伤人死不休，开口能把人噎死。

毫无口德的人，终究会事业受损，被人遗弃，徒留孤影。

二

　　白大哥是个能干的男人,在外工作认真,勤恳踏实。但是,他有个毛病,回到家里好找媳妇的事儿:一会儿嫌媳妇做的饭不好吃,一会儿嫌卫生打扫得不干净,一会儿又嫌穿衣服不时尚。他还特喜欢当着好多亲朋好友的面数落妻子。

　　妻子性格温柔,常常忍耐不发,但过了一段时间,一检查得了乳腺癌。负面情绪压抑久了,毒火攻到自身。虽然做了手术,四年后还是撒手西去。白大哥后悔晚矣!

　　朋友也好,夫妻也好,相见相遇是缘!大家在一起,图个快乐。好好说话,不伤人。珍惜生活中所有值得的遇见,相互传递爱与暖,也是做天大的善事。

三

　　古语说:良言一句三冬暖,恶语伤人六月寒。

　　会说话的人一定情商很高。会说话是衡量一个人水平和能力的尺子,更是一个人脾气和修养好坏的直接反映。会说话的人能够恰到好处地化解危机,不会说话的人容易惹祸上身。

　　会说话的人一定会摆正自己位置。先要解决思想上的问题,认识到我们虽然职务身份上有些区别,但在人格上是平等的。只有在心中尊重他人,才会平等相处。

　　会说话的人一定心地善良。只有心地善良,才能发出善心,慈悲为怀，体贴他人。谁的生活都不容易，谁都在努力，每个人的奋斗都是值得尊重的。

会说话的人一定会换位思考。如果老板换到员工的位置上，天天挨训，怎么会有好心情？怎么会有工作积极性？怎么能有创造性思维？怎么能拼力干好工作？

会说话的人一定经常夸奖他人。大部分人都是努力工作、敬业踏实的，而完全吊儿郎当、没有责任心的人不多。即便犯了错，也要真诚帮助对方改正，而不是使用语言暴力，向别人伤口上撒盐。

雷锋在日记中有一句著名的话："对待同志要像春天般温暖。"

人生那么苦，何必再把苦互相传染，不如好好说话，给世界、给身边的人最好的善意和最温柔的守望。

愿我们都能对他人像春天一样，春风拂面，春光明媚，春阳暖暖，让人心生欢畅。这样你的事业、你的单位、你的家庭、你的未来，也会像春草一样地蓬勃生长，像春花一样地绚丽多彩！

女人的女朋友

（朗诵：品味）

有一个小视频在朋友圈很火，名字叫《女人的女朋友》，美丽的面孔、激情的音乐、飘动的裙裾、旋转的舞姿，揭示了女性长寿的一个秘密。

这是一个事实：现在无论是街头的广场舞，还是亲属群里的老寿星，女性居多。根据日本厚生省数据，现在日本人的平均寿命是83岁，其中女性的平均寿命是86岁，男性的平均寿命是80岁。2020年，中国人均寿命是77岁，其中男性平均寿命为73岁，女性平均寿命为79岁；男女相差6岁。

女人长寿的秘密是什么？有人说和女性的生理有关，有人说和女人的心态有关。

有这样一份研究报告：长寿的各种因素中，遗传基因占15%，社会因素占10%，医疗占8%，气候占7%，其余60%则取决于自己，排第一的就是心态。

美国斯坦福大学一位精神病学教授开授了一门关于"身心连接——压力与疾病的关系"的课程，他在课上说，男人要想身体健康，最好的事情之一是结婚成家；女人要想身体健康，最好的事情之一是建立和培养她和女友之间的友谊关系。"女人的女朋友"会使女人心情愉快,缓解压力,减少疾病,延年益寿。

曾有人比喻:男人来自火星,女人来自金星。男女在思维及行为模式上不太一样。男人很少坐下来与好友聊天,他们聚会时喜欢吸烟、喝酒,话题多是工作、权力、体育、汽车、钓鱼、比赛等,几乎不聊自己对某些事物或私人生活的感受。

女人和女朋友在一起却有很多开心的事。

女朋友是聊天的伴。女人喜欢聊天,有说不完的话,话题广泛,爱聊家长里短、琐碎日常、生活心得,喜欢互相交心、分享灵魂,彼此提供情感支持。聊天和跑步、健身、锻炼一样,"快乐的时间"能创造更多血清素,这是一种神经递质,有助于防治抑郁症,创造良好的自我感觉,缓解压力,让人心情愉快。

女朋友是同行的团。女人们在一起,喜欢抱团出行,比如说一起去购物,一起去吃美食,一起跳广场舞,一起计划旅游度假。住得近了,她们每天都要见几次面;住得远了,会定期来个小约会,为生活增添了无穷的期待和快乐。

女朋友是最好的心理医生。交流沟通,无话不聊,可以是柴米油盐,也可以说一些比较私密的话题,如与丈夫的相处、与下一代的代沟差距、个人的烦恼忧虑。女伴的分析安慰、开导劝说、心灵抚慰起到了极大的心理治疗作用。

女朋友是一群快乐鸟。都说三个女人一台戏。女性在的每一个地方,都有笑声,都热闹非凡,她们如一群快乐的小鸟,叽叽喳喳,无忧无虑,驱除了寂寞,带来了蓬勃的万千生机。

女朋友是长寿的营养品。女朋友是美丽的花。每一个女朋友就像一种高级心灵营养品,当你们在一起"闲聊"或者"消磨时光"时,追忆美好青春,嘻嘻哈哈,快乐的一天不知不觉就结束了。

岁月悠悠,人生风雨,健康第一!

请珍惜女朋友吧,多一次相聚,多一次开心!

多几个闺蜜知己,快乐到老,长寿甜蜜!

家庭篇

家是温馨的港湾，
家是蓄能加油站，
家是情感连接点，
家是幸福总开关。

幸福人生的密码

（河南大学出版社）

我很喜欢央视的《朗读者》节目，其中柳州的"'走心'情侣丁一舟、赖敏"那一期更是让我泪水盈眶。

这是柳州一对普通又不普通的"情侣"：男孩丁一舟为了让患"企鹅病"的女友在剩余生命里到处看看，决定带着患病的赖敏出发旅行，在全国地图上走了一个心形：一辆单车、一辆轮椅、一只狗、两个人……包容互助的笑容、不离不弃的忠诚与灵魂。

给我印象最深的是赖敏那让人动容的笑容：那么单纯、那么无邪、那么快乐，笑起来似乎整个世界都明亮了……身患重病的她，快乐感染了所有的人。虽然那期的主题是眼泪，但在他们眼里没有眼泪，只有幸福。

这对苦难、不幸的恋人，坦然面对人生的不公，给我们上了人生幸福的生动一课：我们总以为幸福是得到自己想要的一切，其实幸福是终于知道，人生得意时少、失意时多，我们能在变幻无常的生活中学会遇到苦难和不如意的时候，不对抗，不逃避，不抱怨，改变能够改变，接受不能改变的，那么人生不管如何跌宕起伏，我们都能活得宁静和谐。

怎样才能活得宁静和谐呢？有以下三个最基本的要求。

坦然接纳一切

人生有时无法选择，你可能出生在富贵之家，也可能出生在贫寒山村；你可能生来身体健康，也可能有先天残疾；你可能一路顺利，也可能遭遇磨难……

幸福，不是如何得到你想要的，而是如何与你不想要的和平共处。有的人认为，只要我有更多的财富，并且美貌、聪明、健康，就可以幸福。其实，磨难是生活的一部分，幸福取决于我们和磨难之间的关系。坦然接受一切，笑迎人生苦难。平和的心态是人生幸福最重要的因素。

放下过去，不忧将来，活在当下

放下过去。我们会经常沉溺在后悔过去的泥淖中：那一次炒股我错了，如果我选择正确，也许现在是千万富翁；如果我选择了另一个人，我的人生会更加光彩；如果我选择了另一份工作，我一定会晋职很快……诸如此类，我们不停地为自己的过去后悔，不能自拔。其实，你的每一次选择，都是当时你反复考虑所能做出的最好的决策。让过去随风而去吧。

不忧将来。中国古代有"杞人忧天"的故事。其实，是自寻烦恼，毫无用处。我喜欢美国名著《飘》中女主人公郝思嘉最有名的一句话：明天又是新的一天。当你觉得有什么过不去的坎，就对自己说：

明天太阳会照样升起！

活在当下。当下是我们最能把握住的。热爱人生,就要学会享受今天。做你想做的事,有爱就要大胆表白,不要犹豫。你的人生不可重来,要勇于尝试,不怕出错。把每一天都当成人生的"最后一天",你就会更加善待自己、关爱自己。

学会创建和谐的人际关系

人不可能离群索居,也不可能生活在孤岛上,人天生就是群居动物。每个人都活在各种关系中——亲人、朋友、同事。亲密和谐的关系会提升人的幸福感。选择自杀的人都是觉得孤独无爱。而赖敏正是因为丁一舟的爱情,才能如此开心。努力营造亲密和谐的关系,付出所有,你会得到更多的幸福。

三毛曾经有一首诗,她说:"如果有来生,要做一棵树,站成永恒。没有悲欢的姿势,一半在尘土里安详,一半在风里飞扬……"这是一份潇洒,也是一种坚定。

愿我们都找到人生幸福的密码,开启幸福的新境界。

你想要什么样的幸福

（河南大学出版社）

生活中每个人每天都很忙：忙孩子上学，忙工作，忙赚钱，忙买房，忙买车，忙和朋友喝酒吃饭，忙着看微信，忙着打电话，忙着升职……

在各种各样忙的背后，人们究竟在忙什么？为什么忙？其实人们都在忙幸福。只是在忙了这些事之后，是离幸福更近了，还是更远了？

在风起云涌的经济大潮下，人们忙着追名逐利，但有钱有名后，如何让幸福同步增长呢？中国的GDP总量在2010年已经位列全球第二，但联合国2015年全球幸福指数报告显示，我们在幸福指数排名中仅位列第84位。为了提高我们的幸福指数，我们需要知道，幸福有多少种？哪一种是你最想要的？

美国积极心理学之父马丁·赛利格曼在《持续的幸福》一书中说，人的幸福有五种不同类型：

第一种幸福是指感官的愉悦感受。看到了就想拥有，得到后很快就没了感觉。这种幸福持续的时间比较短暂。一切物质一旦拥有，就会开始掉价。生命的真相就是不管你拥有什么、拥有多少，都会很快感到空虚无聊,像是一个永远填不满的无底洞,所以有"欲壑难填"之说。

第二种幸福就是成就感。我们有所谓的五子登科、十子登科这样的人生目标。这种幸福更多的是寻求外界的认同和肯定。正像马斯洛分析的人生追求的层次,成就感是比安全感更高的需求。但如果这种成就仅仅为获取他人认同和肯定,有时牺牲太多,得不偿失。

第三种幸福是做喜欢并擅长的事儿。当一个人能有个人爱好,并能将工作与个人爱好有机结合,无疑是最幸福的。不论是喜欢书法、绘画、园艺、手工,还是做其他自己喜欢和擅长的事儿,做好了就会成为优秀人才,甚至稀缺人才,每天都会感到充实和快乐,所谓"乐在其中"。

第四种幸福是指温暖而持久的亲密关系。当你回忆你觉得最幸福的场景时,大多数人都会想到的是和爱人、亲人、孩子在一起的情景,所以我们说在各种关系当中最重要的是亲密关系。关系是生命也是自身修炼的最好的道场。每个人心底深处都渴望自由、温暖和爱,没有例外。

现在医学越来越多地证明,人的各种疾病和负面情绪密切相关,生病是因为你的关系出了问题。人生最重要的事业是经营关系,关系好了,一切都好。

第五种幸福就是帮助他人。赠人玫瑰,手有余香。印度有一句古老的谚语:真正的幸福一定有让他人快乐的成分。比尔·盖茨、巴菲特倡议全美的亿万富翁在有生之年或死后将自己的一半家产捐给慈善机构。李连杰发起了壹基金,陈光标高调慈善。有钱的人帮助他人能得到快乐,普通人也一样。中国台湾的陈树菊从小家贫,卖菜

53年,捐了1000多万元台币,2010年登上《时代》周刊,和奥巴马、乔布斯同台领奖,正是凡人的善举感动了天下。

俗话说:得道者多助。帮助他人能明显提升自己的幸福感,可以影响或改变你对自己的认识,让你觉得自己是个乐于助人、有同情心的人,进而更加自信、乐观,提升自我价值感。同时,助人者都很招人喜欢,路也越来越宽,生命越来越强大。生命说到底是一场体验,是一场绽放自己、丰富自己的体验,在提高自己、帮助别人的体验中最容易感受到丰盈、充实和持久的幸福。

按照幸福感的持续时间,我们把感到愉悦、获得事业的成功划分为短期幸福,这样的幸福感一旦获得,就会开始变质;把做自己喜欢并擅长的事儿、拥有稳定的亲密关系和帮助他人划分为长期幸福,或者称其为持续幸福。

时光飞逝,生命短暂。让我们向着幸福一路奔跑……

家是什么,家不是什么

(朗诵:燕子)

我们说:家是温馨的港湾,家是心灵的避风港,家是爱与温暖,家是幸福与快乐,家是美好与安宁,家是你最向往、最牵挂、最留恋的地方。

但在现实生活中,很多亲人,走着走着就远了;很多夫妻,走着走着就离了;很多家庭,走着走着就散了。或成为陌路,或漂流四方,或反目生仇,或不再来往。

托尔斯泰有句名言:幸福的家庭都是相似的,不幸的家庭各有各的不幸。

家是一个人养根、养子、养心、养福的地方,但弄不准入口,不会经营,可能把亲人和爱痛苦埋葬。

家不是战场。夫妻二人不是交战的双方,必须要争出个你死我活,你赢我输,而只能并肩作战,合作共赢。

家不是职场。不需要钩心斗角,不需要设计陷害,更没有职位高低;你不是老板,她不是员工,双方是平等的,要有一样的家庭责任和担当。

家不是商场。商场里货品丰富,琳琅满目,眼花缭乱,你可以挑三拣四,讨价还价;一旦成家,你选定的东西,使用后要多维修,很难退换,最好是相伴一生的老物件。

家不是课堂。上课的时候,老师要求学生遵守纪律,不能说话。但家必须民主,叽叽喳喳才热闹,话题广泛,柴米油盐,鸡零狗碎,有事好商量。

家不是游乐场。你可以开碰碰车,可以坐疯狂老鼠过山车,但不能只管自己嗨,大声喊叫,还要顾及你的伴侣是否恐高,是否晕船,是否快乐,否则乐极生悲。

家不是拳击场。一言不合,拳打脚踢,外部的伤容易好,难以愈合的是心伤。打散了夫妻,打坏了孩子,国法道德让你一辈子来偿。

家不是冰雪场。人无法在冰天雪地生存。冷暴力就是寒冰,不沟通,不交流,不对话,双方僵持,感情降温,寒到彻骨,近在咫尺,如隔海洋。

家不是玩具。你搭好积木高楼,挥手可以拆毁,转眼间,再换个模样。家一旦有了裂缝,就像多米诺骨牌,连锁反应,让你猝不及防。

家不是单向付出,必须是抱团取暖。有福同享,有难同当。风雨一起行,患难一起扛。如果只有一方付出,没有回报,日子没法搭伴儿走下去,再热的心也会凉,也会伤。

当有一天,你的家出现危机,扪心自问,好好想想,你是否进错了地方,演错了角色,好好反省,校正航向。

只有夫妻同心,不论是水手还是船长,顶住风浪,一起划桨,向着爱与暖,向着诗与远方,向着未来与希望,一路歌唱,携爱远航。

婚姻的八种味道

（朗诵：潇晴）

　　世间百相，婚姻亦然。婚姻是完整人生的精髓。钱钟书在《围城》中最经典的比喻是：婚姻是一个金笼子，是一座被围困的城堡。外面的人想冲进来，里面的人想逃跑。

　　作家林清玄也曾有一个比喻：如果人生是一桌宴席，酸、甜、苦、辣、咸就是生命里的各种滋味。婚姻亦有不同种，便有了不同的味道。

浓情蜜意，长长久久

　　金末元初诗人元好问曾写道：问世间情是何物，直教生死相许？爱情是世间最美好的感情。因爱情而结合的婚姻是最幸福的婚姻，也是人们最期盼的婚姻。就像我们看到的钱钟书与杨绛一样：由一见钟情到一辈子相伴相守，彼此两不厌。这也是人生最难得的完美结合。这样的婚姻是蜜的甘甜味道。

曾经爱过,后来淡了

有人说过:婚姻是爱情的坟墓。刚开始两个人一见钟情,春花秋月,情人眼里出西施,但真正结婚以后,爱情被生活的柴米油盐和日常琐碎打败了。张爱玲曾写道:"说好永远的,不知怎么就散了。……然后,你忽然醒悟,感情原来是这么脆弱的。经得起风雨,却经不起平凡……"红尘万千,人海茫茫,人生孤独寂寞,两个人彼此搭伴过日子了,平平和和。这样的婚姻犹如白水的淡淡味道。

一方深爱,举案齐眉

单相思是生活中最常见的现象。一方那么爱,另一方有些好感。努力追求,终成正果。在不断磨合中,以心换心,温暖对方,产生感情,后来又变为浓浓的亲情。互相敬重,举案齐眉,知足常乐,快乐幸福。这样的婚姻就像鸡尾酒味道,因爱的加入,调配混合,也是美美的。

虽不相爱,互有利益

现在有的婚姻已不是过去那般纯粹。很多时候双方有些喜欢,但也夹杂着若干政治、经济等利益。有的人图钱,有的人图色,有的人图官位,有的人图关系,有的人图生意。互有利用,互秤斤两,各有所好,各取所需,利益一变,难以持久。这样的婚姻总是酸溜溜的味道。

只是喜欢,更有责任

有人说:喜欢是爱的热身动作。这种夫妻年轻的时候,分不清喜欢和真爱的区别,以为喜欢就是爱,以为结婚后耳鬓厮磨,会发展成为爱情。但是,两个人都属于我们生活中常见的老好人,人品不错,脾气不错,相处不错。婚后,两个好人明白了所担负的社会责任、家庭责任。有人说:对爱情不必勉强,对婚姻则要负责。为了自身,为了孩子,没有桃色新闻,彼此相守一生。这样的婚姻是咸的味道,咸生百味,不可或缺。

不爱对方,爱上别人

双方不曾有爱,就结婚了。婚后各自的毛病越来越突出,三观越来越不合,心生厌烦。后来却遇见了"真爱",时时感到痛苦,有时候想去偷腥。但自己的家庭由于一些原因却没有办法解散,彼此别扭,彼此折磨,耗尽了感情,对子女也产生了伤害。曾见过一些老辈人的婚姻,两个老人不喜欢对方,几十年不在同一个桌上吃饭,老了也不住在一起,互不搭理,各自老去。夜深人静,心中该是多么凄凉。这样的婚姻是苦涩的味道。

不爱而恨，互相厮杀

也有一种婚姻，或是眼光不准，或被对方蒙蔽，或是父母别人撮合，或是其他原因结合，但婚后发现一方性格缺陷，或者有坏毛病，或者家暴，双方不仅没有爱，反而渐渐生出了切齿的痛恨，恨不得手起刀落斩了对方。这在农村时有所闻，最后酿成了很多家庭悲剧，另一方也付出了惨痛的代价。这种婚姻是辣的味道，毒辣难忍，唯有扔掉自保。

有爱相处，无爱离开

不论当初由于什么原因结合，一旦结合后，不论时间长短，发现不再相爱，虽然痛苦，但理智处理，很快办理离婚就可以，互不耽误，再奔前程。尤其是当代年轻人，越来越多选择不再将就。他们的名言是：恩格斯说过，没有爱情的婚姻是不道德的。有时看着有点轻率，但一拍两散，各自别过，放过对方，可以免于双方陷入泥沼，越陷越深，难以自拔。这样的婚姻是：一旦不合适，就换一种味道。

莎士比亚说：不如意的婚姻好比是座地狱，一辈子鸡争鹅斗，不得安生，相反的，选到一个称心如意的配偶，就能百年谐和，幸福无穷。

还有人说：婚姻是一家私人专门银行，存储真爱和默契，提取幸福和快乐。夫妻双方互为账户，且存折是活期的，可以随存随取，而家庭则是这家银行里的柜台，夫妻双方可以把自己的喜怒哀乐尽情地存进对方的银行，并可随时提取微笑、鼓励、安慰、体贴、温柔等利息。

婚姻的味道，唯有自知。

愿天下有情人终成眷属！

愿你在婚姻中品尝爱情！

愿你在家庭中多些甘甜！

愿你在余生中获得幸福！

家庭篇

优秀男人的十大特点,你占几条

(朗诵:燕子)

现在中国单身成年人超过 2 亿。每年的双十一成为全民的购物狂欢,足见商家对社会观察之细微、把脉之准确。在单身大军中,有男有女,有老有少,连 90 后、00 后也开始迈入了相亲的行列,更不要说有多少家电视台的相亲节目如何火爆。

美容店的三个小美眉经常讨论找好男人的标准,做美容的几十个大姐姐,用他们在婚姻里摸爬滚打几十年的经验,归纳出优秀男人的十大特点。虽然不全,男同胞们也可以参考、对照一下。

一是有事业心责任心。这是选男人的首要条件。就是我们常说的有理想、有追求、办事靠谱。如果一个男人没有进取心,不务正业,吃喝玩乐,如何能长久依靠、托付终身?

二是有份好职业。买房置业、养育孩子、出门交往,事事都要有经济支撑。俗话说:贫贱夫妻百事哀。有钱不是万能的,但没钱却是万万不能的。虽然不求大富大贵,但是男人应该考虑家庭经济的长远发展。

三是疼爱老婆。有的人恋爱时嘴巴很甜,一结婚就变了脸。只会说空话、大话,老婆再苦再累都满不在乎,只顾自己,长此以往,肯定婚姻难以维持。

四是富有情趣。有句流行的话:好看的皮囊千篇一律,有趣的灵魂万里挑一。真正能吸引人的是有知识、爱读书、视野开阔的人,这样才能有内涵、有幽默感、有情趣。

五是会说话。口才好、讨人开心、体贴温柔也是一门基础技能。如果男人不会说话,交往时像个闷葫芦,无话可聊,恋爱时就会处处碰壁。婚姻生活需要说话来调味。

六是参与孩子成长。有些人追求事业发展,在外面打拼,却忽略了亲人,连老婆生孩子的生死关头都无法在身边,生活中缺位孩子的成长,这样的男人不受欢迎。

七是分担家务。老话说:男主外,女主内。但时代变了,男女都一样,出外打拼都很辛苦。如果男人是个"妈宝男",只会当甩手掌柜,在家里什么都不干,把家务扔给女人,十分容易激化矛盾。

八是从不家暴。有些男人自己在外面不顺心,回来就拿老婆出气,以为老婆是他的私人财产,常常因为动手打散了婚姻。一些恶性事件,也常常是因为家暴让妻子忍无可忍,刀棒相向,酿成悲剧。

九是注重外表。仪表是形象,仪表是招牌,仪表是脸面。有些男性年轻的时候小帅哥一枚,一结婚就像发面包一样,迅速向横向发展,严重时甚至影响了健康。热爱锻炼,加强健身,形象挺重要。

十是讲究卫生。干干净净、清清爽爽令人尊重。讲卫生是文明、是礼貌、是新时尚。有些男人喜欢喝酒、抽烟,家里厕所经常烟雾弥漫;或者爱乱放东西,满眼凌乱。而当代女孩子都比较注意卫生,有些还有洁癖。

对比一下,你占几条?努力改进,你一定会成为大受欢迎的好男人。

优秀女人的十大特点,你占几条

(朗诵:燕子)

前几天写了一篇文章:《优秀男人的十大特点,你占几条》,引起了一些朋友的反响。

有一位男士很有自信心,说:我占了九条,特别优秀!另一位专家教授说:基本都不行。一般的则说,占了六七条。

有些男士说,可不敢把这个文章让老婆看了,回家对我们要求更高了。

我笑了,看来每个人的自我认知不一样。有些优秀的人对自己要求颇严,所以觉得差得很远;而有些人过于自信,认为自己已经快满分了,实则老婆牢骚满腹。实际上,优秀男人何止这十条呢,比如说孝顺老人、心疼老婆、会做饭……

有些朋友直接就说,对我们男士要求这么高,那女人应该怎么样啊?时代不同了,男女都一样。妇女能顶半边天。强烈要求平等对待,让美女们也反省对比一下。

如果一篇文章能引起大家寻找差距、见贤思齐、不断改正、努力优秀,这才是文章的真正效用。

我学识粗浅,在这里抛砖引玉,讨论一下优秀女人的十大优点,只是个人意见,不必对号入座。

一是自立自强。热门电视剧《我的前半生》当中,给大家印象最深的就是罗子君的遭遇。她的故事启示我们,女人要有一份工作,不要完全依赖他人,这是你存活于社会的基础和条件。现代女性必须自立自强,不要期望找一个好男人,从此衣食无忧,这样风险隐患很大。只有胸怀理想,努力奋斗,自己足够优秀,才能保证无论人生风浪再大,你也是那个乘风破浪的姐妹!

二是热爱学习。大家都十分敬佩喜欢董卿,董卿给我们的感觉是"腹有诗书气自华",比较知性。女人只有多读书,才能开阔视野,才能知书达礼,才能提高修养,才能教育孩子。千万不要以孩子事多、家务繁忙为借口,少读书、不读书,腹中空空,落后时代。

三是优雅美丽。都说女人如花。谈恋爱时吸引男人第一好印象的常常是外表,这并不是性别歧视,人同此心。美人如花,要让人看着赏心悦目。很多家长在女孩子小的时候,就培养孩子唱歌、跳舞、弹钢琴,目的是让孩子身材苗条、气质优雅。这不是一时一阵的事,而是一辈子的事。

四是心胸宽广。时代不一样了,每个人都有权选择未来的生活方式。你可以独身,也可以择偶。一旦结婚,生活有时是一地鸡毛。女性要有好心态,从长处着眼,不要凡事看不顺眼,不能啰唆,待人以宽,才能将幸福掌握在手中。

五是辅佐老公。人们常说:每个成功的男人背后都有一个成功的女人。男人的成功常常需要一个女性的无私奉献和全力支持!有时这不是一个人的成功,而是集中全部智慧和能量,共同走向成功。

六是注重教育。不管你生了一个宝宝还是两个宝宝,把孩子教育好是对母亲最大的考验。我们特别佩服宋庆龄的母亲,佩服侦探专家李昌钰的母亲,他们将孩子教育得特别优秀,这也是母亲成功的一个重要标志。

七是擅长处事。中国是个特别讲究人际关系的国家。一个人结婚,常常是两个家族的联姻。怎样处理好与婆婆、七大姑八大姨的关系,一定程度上也影响了你和丈夫的感情,以及你在家庭中的地位。为人善良,乐于帮忙,待人大方,不怕吃亏,学会糊涂,都很重要。

八是兴趣广泛。作为一个新时代的女性,除了工作之外还要有些情趣,比如说会绘画、手工、唱歌,或者喜欢旅游、爱尝试新事物等等,才能赢得孩子和老公、朋友的喜欢,快乐生活,幸福感才更强。

九是善良坚强。俗话说:为母则刚。生活中会经常遇到一些突然降临的困难和挫折,面对困难,你只能选择自己坚强,你只能选择战胜困难绝不低头,因为你的孩子、你的家庭,让你没有退路可走。

十是会做家务。家里的活儿永远干不完,男人虽然可以分担一部分,但女人仍是主力。尤其是一日三餐,现在市场丰富,成品、半成品很多,手机上有各种视频,只要用心学,就没有学不会的。会做饭,也许"抓住了老公的胃,也就管住了老公的人"。世间烟火气,最暖家人心。

其实,优秀并没有什么标准,也许上面的十条有点苛刻,但我们都是凡夫俗子,我们要向着更好、更高、更优去努力。

幸福婚姻修行的十个法则

（朗诵：燕子）

人生在世，草木一秋。行走在红尘阡陌，遇见一人懂你爱你，便是人生最大的福分。

《白蛇传》中说："百年修得同船渡，千年修得共枕眠。"现代社会，变化万千，能保持婚姻的长久，实属不易，甚至"难上加难"。

美好婚姻是两个人的一世修行。不论男人、女人，先修好自己，再共同修炼，方是长久之计。

一是制定发展蓝图。这个蓝图既有长期的，也有短期的，只有明确的建设目标，家庭才有前行的方向。

二是不断修行爱情。爱情由初恋时的"一日不见如隔三秋"，到新婚时的浓情蜜意，到婚后的柴米油盐酱醋茶。随着时光变淡，爱情变成了温情。

三是抵御异性诱惑。现代社会男女之间诱惑太多，保持感情的忠贞纯洁十分困难。这需要双方有清醒的认知，共同努力，增强自律，修好篱笆，不断检讨反省，过好自己的家庭生活。

四是不断修行个性。每个人都有自己原生的家庭生活背景，不同的成长土壤，个性不同，十分正常。双方结合，最重要的是彼此包容,寻求一个新的平衡方式,因为有爱,改变能改变的,包容不能改变的。

五是坚持共同成长。夫妻组成家庭,如同站在一个起跑的赛道上,步调一致才能到达终点。如果有的人跑得快了,有的人停滞不前,就会形成大差距,心灵无法沟通,婚姻难以保鲜。

六是互补经营家庭。经营新家庭,就像注册新公司。每个人都有不同的定位和职责。有人当船长,有人当水手,取长补短,发挥优势,用牺牲和奉献成就事业和家庭,"军功章里有你的一半,也有我的一半"。

七是统一育儿理念。在培养孩子当中,夫妻常常会发生矛盾。只有形成共识,有唱"红脸",有唱"白脸",保持一致,才能事半功倍。

八是培养共同爱好。因志同道合相遇,因爱好相似长久。钱钟书和杨绛共同爱好文学,举案齐眉。尤其是走入人生下半场,爱好相近,才能时时相伴。

九是孝敬双方父母。生我者父母,恩情重于泰山。如果自私刻薄,不能以礼相待,生活小事会造成大的嫌隙,最后导致婚姻走向崩盘。

十是传承良好家风。两个人结婚,变成了两个家族的结合。古语讲"修身、齐家、治国、平天下"。诸葛亮有《诫子书》,曾国藩有《家训》。"康百万庄园"有"流余"匾。做人处事,对内对外,好家风世代流传,方能长久。

红尘滚滚,世事沧桑。

一世修行,方得圆满!

"倾城之恋"的爱情毒酒

（河南大学出版社）

网络曾评选过中国近代十大女作家,张爱玲排在第一位。当代人对她充满了敬佩、好奇、不解。她犹如一个谜,引人探究。

张爱玲在作品中对世事看得通透,但在生活中却天真、幼稚,对人情世故显得惊人的呆笨。她的感情生活也并不丰富,共有三次。但第一次爱最为惊天动地、刻骨铭心,也让世人对她非议多多。这场爱的悲剧直接影响了她的一生,最后她孤独寂寞地死在美国的一个公寓里。

1944年,红透上海滩的张爱玲24岁时遇到了已38岁的"汪伪政府"要员胡兰成。

当时,仕途不顺的胡兰成偶然在报纸上读到张爱玲的小说,大为惊叹,心神向往,主动追求。张爱玲的姑姑提醒到他的特殊背景和家室、人品,但从小缺少父爱的张爱玲却觉得遇到了知音,不问世事,不关心政治,不管人品,陷入热恋。"躲在小楼说风月",她把所有与外界相关的事都叫纷乱,毅然决然地爱上了胡兰成。

夏秋间,两人结婚。因当时时局不好,胡兰成考虑到日后自己的结局,两人没有举行结婚仪式,只写了婚书为定:胡兰成与张爱玲签订终身,结为夫妇。愿使岁月静好,现世安稳。前一句为爱玲写,后一句为胡兰成加。

正如所料,只过了一年的时间,日本宣布无条件投降。汉奸胡兰成化名后仓皇潜逃,沿途拈花惹草,先后与一名护士、一个寡妇做了露水夫妻。张爱玲发现后,发生争吵,关系破裂。

两年后,张爱玲待胡兰成灾难过了,安定下来,才与他决绝,并且信里还付了30万元给胡兰成,这是她新写的剧本《不了情》、《太太万岁》所得的全部稿酬。

有人说张爱玲真是对胡兰成慈悲,我却觉得她傻。她选了一个不值得爱的人,做了一件终身遗憾的事,也是糊涂和错误的事,只是孤傲地不肯承认。

张爱玲的爱情悲剧对当代人择偶有什么启示呢?

要选爱国爱家的人。张爱玲倾慕的胡兰成实际上是一个大汉奸,在民族危亡之际,为了个人的利益,犹如一个哈巴狗,给奶就是娘,为汪精卫办事,和日本人混到一起。在战争结束之后肯定要被通缉,受人唾弃。这样的人不可能给她现世安稳。张爱玲后来被骂成汉奸老婆,冷落了一阵也是必然。在国家民族利益面前,在大是大非面前,决不能含糊。我们崇拜佩服敢于直言、救死扶伤的钟南山;永远铭记为国捐躯的千万仁人志士;为关键时刻舍生忘死、白衣为甲的医生、护士点赞,他们都是有气节的人……为国有担当,才能爱你有保障。

要选忠于爱情的人。胡兰成人品很差,尤其是私生活上更是混乱。据有关资料显示,他一生共有八个女人。他追求及时行乐,视女人如衣服,表面情意绵绵,毫无廉耻之心。张爱玲也不过是他众多女人当中的一个。开始,张爱玲对此好像毫不在意,但到最后受伤极深。任何一个人,都无法容忍背叛爱情的人。如果发现对方私生活不检点、朝三暮四、寻花问柳,请一定要理智对待,不要陷入一个泥潭,要告诫自己,你不可能是笑到最后的人。

要选忠厚老实的人。"野花迷人眼"。有些男人很会说、很会装,打扮成有情有义的样子,巧舌如簧,讨人喜欢。恰巧很多女人受用这一套。实际上,他们是"披了羊皮的狼",最终可能谋你财命。网络上出现了多少这样的案例,有多少网络"猎手",布下一个个陷阱,"几个月的嘘寒问暖"为的是"养猪",时候一到,诱你钱财,害你性命。大家一定要擦亮眼睛,不要被口蜜腹剑的人迷惑。

要善于听取他人的意见。俗话说:"不听老人言,吃亏在眼前。"有人说恋爱的人会迷了心性、丢失自我,平日里所有的理智在爱情面前都会生出叛逆之心,一些高傲的灵魂一旦遭遇了爱情也变得卑微。但老人及朋友都是站在你的角度,真心爱你。他们的话不能一概拒绝。听人劝,吃饱饭。恋爱之初,爱玲的姑姑以及其他朋友提示过张爱玲,但她自以为是、年轻气盛,最后不免落得悲剧下场。生活中,当你离经叛道选择一个很多人不看好的人时,不要固执己见,要三思而行,可多观察一段,综合评判,慎重决断。

要始终保有独立的自我。张爱玲遇到胡兰成后,放下了所有的骄傲,爱得无可救药,为他低到尘埃里,为他念念不休。明知这是一杯毒酒,她却含笑举杯,一饮而尽。发现胡兰成的薄情寡义,明知对方给不了地老天荒的相守,却说:"我想过,我倘使不得不离开你,亦不致寻短见,亦不能够再爱别人,我将只是萎谢了。"这场"倾城之恋"埋葬于滔滔江浪当中。这样一个男人值得张爱玲为之"萎谢"吗?天地寂寥,前路漫漫,路要自己走,河要自己渡。

要敢于及时止损。东风恶,欢情薄。没有人能像孙悟空一样火眼金睛,识得白骨精。但时间是利器,一旦发现错了,不要碍于自尊心不肯认错,不要拖泥带水。一旦发现对方有劣迹,或者有家暴,或者已有重大的犯罪把柄,该走则走,该离则离,两不相见,才能及时止损,否则"搭上了卿卿性命"。

世界很大,能陪你走完全程的人只有一个。爱情有如一杯酒,有醇香浓烈的,有绵软青涩的,有夺人性命的。一定要谨慎挑选,不负时光,不负韶华。

《我的前半生》给女性的十点启示

（河南大学出版社）

《我的前半身》是在朋友圈"刷屏"的电视剧。我们一边追剧，一边感叹别人的故事。

人们常说，"人生如戏，戏如人生"。我们每个人，也像这部电视剧里的角色，真实地演绎"活着"。每个人好像都从里面找到了自己的影子。

热剧背后，细细品味，女性朋友应当从中得到以下十点启示。

一是要时刻清醒。丈夫陈俊生婚前对妻子罗子君承诺"我养你"，婚后10年却出轨姿色平平的离婚女人凌玲，当子君放低姿态去乞求丈夫回头时，他却执意离婚，没有一丝留恋。如此心狠冷酷的陈俊生让很多人不寒而栗。原来，"我养你"竟是婚姻里最毒的情话，"你负责貌美如花，我负责赚钱养家"更是不可信的。现实中，我们又看到多少全职主妇无所事事，天天提防着与无孔不入的"小三"们斗争，最终也难保白头到老。

亦舒说："当一个男人不再爱他的女人，她哭闹是错，静默是错，活着呼吸是错，死了都是错。"所以，每一个聪明的女人都应当警醒，千万不要在婚姻里迷失了自己，更不要指望有谁来养你一辈子。

好的婚姻一定是共修的。一个男人和一个女人中间一定要构成他们共同的精神世界，共同的信仰，双方要一起成长，一起改变，才会构建幸福的家庭。

在爱中修行，在爱中同行，才是正道。

二是要学会自立。一个女子，不要把所有的人生都托付给一个人或一桩婚姻，必须先凭双手争取生活，才有资格追求快乐、幸福、理想。无论如何要有职业，因而结识志同道合的同事、朋友、对象，届时，可以结婚生子，也可以独身终老，这叫做选择，亦即自由。

痛定思痛，罗子君说了这样的话："我的过去告诉我，没有人会为你打一辈子伞，只有自己打好那把伞。"没有任何人会成为你以为的、今生今世的避风港，只有你自己，才是自己最后的庇护所。

相比于离婚前把家庭和丈夫奉为一切的罗子君，她的闺蜜唐晶却始终是那个活得洒脱又骄傲的人：事业独立，收入丰厚，品位不俗，不会委曲求全，不必担心没人爱，即便一个人，也依旧过得精彩漂亮。

三是要有好朋友。多个朋友多条路。离婚后的子君在闺蜜唐晶和贺涵的鼓励和帮助下，最终摆脱生活的困境，完成逆袭。虽然这是电视剧的剧情设计，但危机时刻，没有亲人和朋友的支持与帮忙，却是万万不行的。

心理研究表明：每个人都要有一个社会支持系统，良好的个人社会支持系统可以很快帮助你摆脱困境的束缚，可以很快帮助你从痛苦的深渊中走出来。良好的个人社会支持系统是指：个人在社会网络中所获得来自他人的物质和精神上的双重支持，而来自精神方面的支持最重要。

支持系统强大的人更容易走出困境，而支持系统弱的人最容易得心理疾病。所以,无论什么时候,无论富贵贫贱,多交朋友,那才是你最重要的人生资源。

这里所谓的朋友,并不是略得些名利,"朋友"全来了,略咳嗽一声,"朋友"又全部散开,而是与你无任何利益之交的真正好友。好朋友永远对你不离不弃。不论再忙,请多与朋友聚会。

四是要坚持工作。工作对一个女性十分重要。遭遇小三逼宫离婚,退出阔太太的待遇,争取孩子的抚养权……一切都重新开始,罗子君有点始料未及,很是惊慌失措;但她很快明白,为了儿子抚养权,她必须去工作,哪怕是做营业员。

有最好的闺蜜及亲人的安抚与帮助那只是暂时的安慰药,只有自己清醒看开、坚强努力了,有了工作,天才不会塌下来,即便塌下来也顶得住。

工作是你与社会接触的平台,也是你与丈夫共同前行的基础。如果你只是原地踏步,没有跟上他的步伐,他会狠心弃你不顾。伤心也好,悲愤也罢,他再也不是你的人了。情殇一次很痛也很累,只有用忙碌的工作和生活来充实自己内心,才使你变得坚强。

五是要学会忍耐。出门工作,尤其是当了几年家庭主妇,或是40岁、50岁之人,工作技能不够,找到一份工作不易,遇到单位领导或用户刁难也是常有之事。罗子君知道自己的处境,不论是凌玲买鞋,还是初上班的聚会羞辱,她都以低到尘土的心态,忍耐一切,不仅让陈俊生花了更多的钱,也让其他人挑不出错。韩信忍"胯下之辱"成就功名,何况我们区区小人物。

除了忍耐,还要加紧学习充电。罗子君白天上班,晚上读书,对贺涵的要求更是认真落实。读书、学习、领悟,提高自己的业务本领,销售业绩连续几个月商场第一,这才让大家刮目相看。

时代变化太快了,每个人都要有终身学习的理念,只有坚持学习,才不至于落伍。思想的丰盈会弥补美貌的缺失。

六是要努力拼搏。对待工作,有的女性只当是一只饭碗,马马虎虎,得过且过,"我有孩子"成了不努力工作的借口。其实,在工作场合,在老板的心目中,每个人的作用都是一样的。你的提职进步与你的努力是分不开的。唐晶认真负责的工作态度、在男性称霸的职场打拼的心酸使我们看到成功不易。

贺涵说:"路要自己一步步走,苦要自己一口口吃,抽筋扒皮才能脱胎换骨。"罗子君不论是在商场,还是去做市场调查,还是带着孩子去深圳打拼,吴大娘正是认可了她能吃苦的劲头,才认真培养她。

机会对所有人都是均等的。老话说:吃得苦中苦,方为人上人。永远不要放弃成长的机会,坚信一分付出、一分收获。

七是要善良有爱。心地善良,对人有爱,是女性最基本的品德。罗子君对孩子充满爱,对老公充满爱,对高声大气、十分功利的母亲也关心呵护,对不争气的妹妹,从几百元到几千元的资助从不吝惜。她在法庭上的一番慷慨陈词更凸显了家庭深处生生不息的爱。因为这种爱,她赢得了法官的理解和认同,也赢得了儿子和房子。唐晶遇到挫折,她立即从机场返回,通过努力,使真相大白。

离婚没有让她变成祥林嫂,她没有怨恨和报复,而是用善良的爱赢得了观众的认可。而自私好算计的凌玲令人讨厌,最后失去了工作、失去了朋友,也失去了陈俊生的爱,真应了"不得好报"。

爱己及人。对他人多份爱心,传递爱的薪火,温暖他人,你需要时才会得到回报。

八是要学会宽容。陈俊生婚前夸下海口,要养活他的老婆孩子,让妻子专心做他的全职太太;离婚时却为了争夺孩子,伤害家人的感情。离婚后在凌玲的挑唆下,陈俊生找子君要法院已判给子君的大房子时,我们都有些愤怒了。但子君竟然念及旧情,答应了。观众不得不为子君的心胸叹服。

长篇小说《战争与和平》中有一句话:"每个人都会有缺陷,就像被上帝咬过的苹果,有的人缺陷比较大,正是因为上帝特别喜欢他的芬芳。"子君就是那个有缺陷的苹果。但宽容使我们爱上了这个曾经颐指气使、浅薄虚荣的罗子君,使陈俊生在人格上矮了一截。

九是要真实坦诚。罗子君与唐晶在爱情上的大逆转,虽然与原著不一样,但也引起了大家的思考。唐晶是贺涵的学生,她在职业上青出于蓝,但她与贺涵更像商战中的竞争对手,那么强势,从不低头,高不可攀,其实他们之间更多的是互相欣赏,薇薇安的存在让唐晶怀疑了几年,几句话就放弃了贺涵的求婚,选择去了香港。在一起十年了,深爱的话早结婚了,所以最后两个人越走越远。罗子君是贺涵的又一个学生,贺涵说他爱上罗子君是因为"真实和轻松吧"。罗子君身上有更多的人间烟火气。

职场中有太大的压力,成功与优秀使人不能卸掉面具。如果在爱情上也不能放松,也要争个输赢,这样的日子必不能长久。

十是要优雅美丽。一个女人,年轻时有美丽的容颜,中年时有成熟的风韵,年老时有优雅的味道,每个时期都有不同的风景。

要得到他人的尊重,不论是顺境还是落魄时,女性都要时时爱护自己的形象,不能蓬头垢面,更不能邋里邋遢。子君到哪里都有人关怀帮忙,因为先是外表给人留下了第一个好印象。

不论岁月如何老去,我们能自己把握的,不是皱纹的多少,而是多读书,用知识智慧充实内心,不停地努力修炼好自己。在时光里成就自己,优雅老去,这是我们可以做到的。

《我的前半生》告诉了所有女人:"糟糠之妻也不顶用。一段婚姻最好的状态就是,不是你负责养家,我负责貌美如花,而是咱们势均力敌,你好,我也不差。"

舒婷的《致橡树》有句话:我如果爱你……我必须是你近旁的一株木棉,作为树的形象和你站在一起。

珍惜本该珍惜的,拥有自己应该拥有的,顽强自信地走好自己的路吧!

有来有往，爱才长久

（朗诵：金竹）

中国有句古语：爱出者爱返，福往者福来。

人世间所有的爱都是相互的。就像你在深山里大声呼喊，山谷定会有回音一样；就像你深情地赞美一朵花，花会回报你更多美丽芬芳；就像你在哈哈镜前开心微笑，镜子里的你也在嘻哈微笑；就像雷鸣的掌声，需要一只手与另外一只手热烈地碰撞。

如果只想得到爱恋，却从不想奉献，那只能是痴人空想。

亲人之间的爱要有来有往。没有什么是天经地义。父母爱子女，从不求回报，但如果子女能善待父母，父母会欣慰长寿。如果得不到回应，则会伤心绝望，并将遗产赠予他人。但如果父母对子女没有关爱，血缘的纽带也无法强硬捆绑彼此，只有付出真心，才能有收获的可能。

朋友间的爱更是有来有往。深厚的友谊是雪中送炭，是雨中送伞，你给我帮助，我回以感激；我有难时你在，你有难时，我不缺席。有来有往，岁月不减。如果一种爱只是付出，对方从不回应，爱终会慢慢淡化，最后无影无踪。

邻里之间的爱也是双向的。远亲不如近邻。因为邻里方便，互相关照，有来有住，感情更近。即便是真正的兄弟姐妹，如果长期不来住，也会逐渐生疏冷淡。

人与动物间的爱更是双向的。电影《忠犬八公》故事十分感人。电影的原型为发生在日本的一个真实故事。大学教授上野英三郎收养了一只流浪小秋田犬，取名"八公"。之后的每天早上，八公将教授送到车站，傍晚时分便到车站迎他回家。不幸的是，一天上野英三郎在大学里突然中风，抢救无效死了。可是"八公"依然忠实地等在车站，在长达9年的时间里，无论其他人怎样将它带离，它最后都会回来，每天按时在车站等待，直到最后死去。

羊羔跪乳，乌鸦反哺。世间万物都有报答之情。

请做一个博爱的人吧。春雨浇灌大地，大地以五谷回报；人若付出深情，终有一天会得到爱的热烈响应。

放慢脚步,珍爱人生

(朗诵:竹林听雨)

现在当你和朋友、熟人见面的时候,大家都会不由自主地说:太忙了,太累了,好累呀!

我们会在网络上看到某医院一位26岁的年轻医生连续加班突然倒下;你的一个好朋友,昨天可能还在微信上发信息聊天儿,而今天却接到了他猝死的消息……熬夜加班猝死,运动中突发猝死,甚至睡梦中猝死!

日本20世纪80—90年代出现的过劳死、猝死也成了当代中国的一个新现象。据统计,我国每年心脏性猝死的总死亡人数高达55万人,位居全球各国之首。猝死,离你如此近,年龄也在不断刷新,50岁、40岁、30岁、20岁。"晚上你脱下鞋,不知道早上你还能不能穿上?"一语成谶,变成了无数个你不敢相信的讣告、追悼会、白菊花。

过去,老人们常常教育有偷懒想法的孩子说:多干点活,人不会累死。看来这句话是错误的,人真的会累死。

我们为什么会感觉那么累呢?

工作压力太大,好累!每个人都要忙工作、忙事业、忙赚钱。每年都要确定自己人生的大目标、小目标,并且客观现实是竞争压力越来越大。私营企业平均存活的时间是2—3年,稍不留心,企业关门了,你可能下岗了。新的考核机制也在逼你,原来的一项工作现在分解成无数个子项,年初要写计划,要制定方案,要列工作台账,还要写出每月、每季、半年、全年分析报告以及工作任务、时间节点、整改要求、下步计划。完成一项工作,你可能要写几个、十几个乃至几十个材料。美其名曰:有目标,有责任,有考核,有追究。当每一件事每一个环节都要有痕迹可查,工作任务增加了多少倍,焉能不累?

家庭责任太多,好累!现在40岁、50岁的人常常是上有七八十岁的父母,下有孩子。你有多重的角色定位。从年轻人角度来讲,当一个孝顺的子女并不容易,尤其是父母生病、卧床、老年痴呆,子女少的家庭尤为困难。当你要肩负赚钱、养家、尽孝的责任时,你常常感到分身乏术,这就产生了道义责任感与回馈父母实际行动之间的矛盾。年轻人对父母的亏欠、愧疚是真诚的,但行动上要做到是极为困难的,现实中经常是相反的。如果不再向父母索取或求得支持,结婚、买房付首付、生孩子、带孩子、买车、孩子早教等一系列问题都很难解决,摆不平这些事,你感到累。

养育好孩子,好累。年轻人对孩子的态度是:每一对父母都认为自己的孩子是完美无缺的,都要拿出十二分的努力,在孩子教育上做得比别人好一点。因为我们的人口资源比例和社会压力决定了,做得和别人一样好你就已经输了。从胎教、早教、幼儿园开始,你就和孩子开始上很多辅导班。孩子上学了,科技发展带来的校讯通像一个紧箍咒"套死"你,老师会告知你每一种作业要完成多少,背诵的内容是什么,英语听写多少遍,跳绳完成多少次,还要签字。这曾经是学校老师的责任,现在都由你来检查落实。你要变成各科全能的老师,要变成教育专家。所以,不但年轻的父母很累,连孩子也承受了很大的竞争压力。这也是大城市年轻父母不愿意要二胎的主要原因之一。

生活太丰富,好累!现在的资讯如此地丰富,未来的生活如此地多彩,你想要住更大的房子,想要去看更美的风景,想要尝没吃过的美食……欲望被无穷地激发、放大、扩张,永远都没有尽头,你在奔向欲望的路上。你在不停地对比全国人均收入、每一个阶层的收入,对号入座,寻找差距。你在和朋友、邻居对比,和去年的你对比。你今年赚了7万元,但是别人赚了10万元,你就想自己如何能挣到15万元。在今天,想要不对比都很难,微信圈、朋友圈大家不断地晒美图、晒幸福,谁能免俗呢?古人"鸡犬之声相闻,老死不相往来"的生活一去不复返了。守住内心的宁静,做起来太难了。你总不能生活在另一个时代吧?

奔跑的速度太快,好累!中国这些年的发展,可以用奔跑来形容。中国用了几十年的时间完成了西方国家200年左右的工业化进程。我们的高铁正代表中国速度,从时速200公里、300公里、400公里向前超越。中国人的勤劳敬业是世界上有名的,我们还要强调加班、加点、赶超。白+黑、5+2成为很多地方对工作人员的要求。工程完成的时间不断被压缩,项目完成的时间不断突破纪录,在奔跑的路上停不下来。当一个人一直在长跑,没有了喘气的时间,他不是"钢铁侠",他的心脏如何负荷得了?

信仰迷茫,好累!中国人以前生活的意义是光宗耀祖,但是现在,祖先在信仰层面被抛弃,很少有人相信"祖先显灵"、"举头三尺有神明"。生活意义从祖先和传统的精神世界,转移到"现时现刻、此时此地的消费欲望"。信仰变得多元,有些人信一种主义,有些人信佛教、基督教、伊斯兰教,一些年轻人信奉的是拜金教、拜物教,实用主义越来越盛行,有些人在烧香祷告时,是为了达成升官发财的目标,而灵魂却没有真正的依靠。钱是一切,享受生活是一切,玩乐是一切,游戏是一切。没有人生的定位,你被裹挟在生活的洪流之中,随波逐流。记得温州高铁发生事故的时候网络上曾有这样的说法:请不要走得太快,等等你的灵魂。

人际关系复杂,好累!虽然这些年政府层面进行了简政放权的改革,但当你要去办一件事,你也可能要跑几趟十几趟。没办法,有熟人好办事,你只能去找人,打通各种关系。找一个关系,就要托人、请客、吃饭、答谢,焉能不运作?如果你想到未来可能要找人办事,需要提前培养感情,提前联络,饭局是少不了,一顿饭少则几个钟头,多则七八个钟头也是常事,你如何觉得不累?

前些年也有人在提出慢生活、慢节奏。对个人来说,如果你感觉太累,还是请调整你的追求、调整你的梦想、调整你的心态、调整你的步伐、调整你的节奏……

如果生命都不存在了,一切都没有意义。

当你疲累时,请多珍爱自己。

请停下脚步,欣赏一下天空,欣赏一下草木,闻闻百花的馨香。

让你的灵魂和身体都歇一歇吧。

然后,我们再加油赶路!

当你不快乐时,多做这五件事

(朗诵:史丽娟)

人生不如意事十之八九。当你处于人生低谷,感到痛苦、难受、孤独、绝望时,需要迅速调整自己,多做这五件事,最能改善情绪,治愈心灵。

多 读 书

手中有书,腹中有粮。有人说,读书是和世间最聪明的大师进行交流。有人说,读书可以让你体会到一千种不同的人生。有人说,读书是增长才干的唯一途径。

从古至今,有多少人在艰难困苦之中,靠读书改变人生。古人推崇:书中自有黄金屋,书中自有颜如玉。现代人相信读书是最方便、最简单、花费最少、最管用的人间好事。

读书主要是读散发着墨香的纸质书。并不是拿起手机碎片化阅读,也不是附庸风雅显摆,而是要沉下心,潜入知识的海洋,在书海中遨游远航,点亮心灯,寻找新的大陆。

多　运　动

　　记得有一部美国电影《阿甘正传》，带着美国南方口音、智力有障碍的阿甘在人生迷惑时，一路奔跑，奔跑能消解他心灵孤独烦闷。事实上，一个人不断地奔跑，他的身体在出汗，他的大脑在思考；跑步有时让人顿悟。

　　根据权威专家分析，你在心灵痛苦的时候，不要躲避，要出去运动，在运动中解压。你挥汗如雨时，运动可以促使肾上腺素和多巴胺的分泌，交感神经兴奋，会让你感到快乐。

　　运动能强健你的身体，运动更能治疗你的心灵。当你不愉快的时候，出去跑几圈，与朋友打一场球，或者去健身，你会感到精神振奋和充满快乐！

多　旅　游

　　山水最能抚慰人心。古代的文人雅士都喜欢旅游，在山水之间留下的千古绝唱数不胜数。

　　李白观庐山写道："日照香炉生紫烟，遥看瀑布挂前川。飞流直下三千尺，疑是银河落九天。"王维夜听鸟鸣："人闲桂花落，夜静春山空。月出惊山鸟，时鸣春涧中。"白居易追忆江南："山寺月中寻桂子，郡亭枕上看潮头。"王之涣的《登鹳雀楼》："白日依山尽，黄河入海流。欲穷千里目，更上一层楼。"

　　古人说：读万卷书，行万里路。旅游能发现不一样的生活、不一样的风情,遇到不一样的朋友,开阔你的视野。情绪不好时,走入大自然,让美丽的山水风光、鸟语花香、奇异景象、世间万物抚慰你,让心灵休养生息。

多吃美食

民以食为天,人生头等大事是吃饭!《法句经·利养品》中说:非食命不济,孰能不搏食。夫立食为先,知足不宜嫉。

中国有八大菜系,现在有更多的美味。《舌尖上的中国》让人流连于美食独特的味觉审美,体味东方的生活价值观。

美食是人生一大乐事。我们爱苏轼,一方面诵读他的"大江东去,浪淘尽,千古风流人物""但愿人长久,千里共婵娟",一方面陶醉于他的"东坡肉":"黄州好猪肉,价贱如泥土。贵者不肯吃,贫者不解煮。早晨起来打两碗,饱得自家君莫管。慢著火,少著水,火候足时它自美。"

有时,坐在路边的大排档,喝点啤酒,撸几个串,来碗麻辣烫,喝碗热腾腾的馄饨,胃舒服了,情绪立马好了。

多 聊 天

我们常说:不吐不快。按照心理学的理论,诉说能够发泄情绪,卸下心灵包袱,是心理治疗的一个好方法。

当你的朋友给你打电话,或者找你倾诉时,你一定不要拒绝,不要吝惜你的肩膀,敞开你的怀抱,有时你只需要静静地倾听、点头,握住对方的手,让他感到爱、关怀及支撑。

心灵生点小病很正常。治愈心灵的常常是一些不太起眼的小事,也许是你的一些小爱好,如养花种草、养小猫小狗、学习缝纫、做点木工,这些小事会让你快乐起来。

学会用一双爱的眼睛,转换一下视角,发现美好,感悟真爱,找到位置和价值,就会心向阳光,走出低谷,继续前行!

节日篇

传统习俗,
源远流长。
节日欢聚,
幸福快乐。

女人，世界有你才美丽

（朗诵：肖月）

阳春三月，百鸟争啼，万物萌动，桃红柳绿。

国际三八妇女节，和着春的脚步翩翩而至。

在这个特别的日子里，让我们为所有的女性献上赞歌一曲！

女性是这世界上最美丽的花朵：有的是牡丹，有的是荷花，有的是山茶，有的是月季……姿态万千，芳香无比。

社会因女性而丰富，爱情因女性而浪漫，家庭因女性而温暖，世界因女性而美丽。

女性是家庭存在的前提。有女人的地方才有家，有妈妈的地方才有暖，心灵的小船才有停泊的港湾。

女性也是男性强大的动力。有女人的微笑、鼓励，男人才有目标，才有力量，他们努力奋斗冲锋，历史的长河才奔腾不息。

女性也是孩子最大的依赖。有了女性播撒汗水、奉献一切才点亮了孩子幼小的心灵，男子汉才会顶天立地。

女性在的每一个地方，就有笑声，就热闹非凡，如一群快乐的小鸟，叽叽喳喳，驱除了寂寞，带来了蓬勃的万千生机。

女性的身影活跃在地球各地：有的在高山之巅、天空之上，有的在星辰大海、竞技场地，挑战了无数禁区，创造了一个个人间奇迹。

现代的女性啊，摇曳生姿地走在人生的四季，从春天的青春怒放，到夏天的葱茏蓊郁；从秋天的硕果累累，到冬天的慈祥静谧。

现代的女性啊，用再好的词，用再美的话，夸不完、说不尽，坚强的你、自立的你、完美的你。

捧一簇盛开的鲜花，送给所有的母亲，送给所有的妻子，送给所有的女儿。

我们爱你：女人，世界因为有你，才如此美丽！

有一种思念,叫清明

(朗诵:燕子)

清明,是一个特别的日子。它连接着远去的亲人与现在的生活,承载着我们太多的回忆与情感。

清明,有一种思念

清明时节雨纷纷,路上行人欲断魂。每年此时,我们的心情格外沉重。提前好几晚,亲人入梦睡难眠。每到此时,买上鲜花与水果,带上杏花春酒,还有那扯不断的思念。

每到这一天,亲人相聚在坟边,斟一杯美酒,寄托哀思一片;献一束鲜花,代表我们的追思与祭奠。一声声的祷告与祝福,心里的话儿说不完。

怎能忘,亲人的音容笑貌,历历在眼前;怎能忘,桩桩关爱小事,仿佛就在昨天;怎能忘,亲人的恩德,情深义重,终生感念!

清明,有一种牵挂

每到这一天,我们风雨无阻回到故园。虽然多年在外打拼,但故乡依然让我们梦萦魂牵。

故乡是生我养我的地方,是先人安息的地方。故乡在,回忆在;老屋在,心就在;祖先在,根就在。如今,青山绿水房舍新,满山盛开红杜鹃,故乡换了新颜,远去的亲人心放宽。

清明,有一种诉说

亲人啊,愿您知道,我们一切都好!

说说这一年,我们的苦与甜,去年的小目标,大都已实现。说说这一年,家人都平安!兄妹和睦相处,老人身体康健,子女懂得孝敬,事业家庭都圆满。

畅想新的一年,梦想翻开新一篇,我们一定会努力,撸起袖子加油干。

清明,有一种醒悟

这一天,是让人幡然醒悟的日子,是让人学会珍惜的日子。远去的魂灵,再也唤不回;逝去的故人,此生难再见。花开花落寻常事,人间离合有悲欢。

慎终追远,我们相信,心若向阳,定会春暖花开,云开雾散;好好活着,把握当下,珍惜每一寸光阴,生活才明媚精彩,爱才会绵延不断,自己才会一生无憾。

这就是对逝者最好的祭奠!

点一盏心灯,闭上双眼,低首合十:

祝福远在天堂的亲人,在另一个世界里一切安好!

愿在尘世的亲人岁月无恙,万事平安!

节日篇

五四：我们永远年轻

（朗诵：冯勇）

记得王蒙在《青春万岁》当中有这样几句诗："所有的日子，所有的日子都来吧，让我编织你们，用青春的金线，和幸福的璎珞，编织你们。"多么激情飞扬，青春澎湃。

年轻与年长只差一个字，但都很美好。

年 轻 真 好

青年偶像朱正廷在自己 24 岁的时候，曾经专门写下了青春的宣言，用不同的词来解读青春：热爱、善良、独立、自信、健康、勇敢、梦想、坚持等。

我给年轻画这几幅像：

纯真。心灵的纯净，脸上的笑容，一颦一笑，没有世故，充满了好奇，充满了真诚和纯净。

快乐。无忧无虑，喜怒哀乐，都会呈现在脸上。哈哈地大笑，感染世界，快乐地奔跑在青春的路上。

活力。充满激情，不知疲倦，永远迸发着无穷的力量。

梦想。什么都敢想,什么都敢说,不顾及世俗的眼光,不怕失败,敢于尝试。

年长了也真好

我们大多关注的是年龄的变化,从稚气未脱到脸上的胶原蛋白慢慢流失,人成熟了,走在变老的路上。然而,万物都具有一种替代作用,随着你出现了几缕白发,你的眼光不再那么明亮,但同时你又收获了很多。

心胸宽广。由原来的井底之蛙,变得像高山一样巍峨,像大海一样宽广。对发生的一切,都有了容忍之心、包容之心。

能力变强。由站在个人的角度发点小脾气,成长为一个顶天立地的大人物,变得"无可替代",可指挥千军万马,可"改天换地"。

力量增长。像个大力水手,变得越来越有力量,改变社会,改变工作,改变家庭,不断进取和前行。

责任担当。遇到困难会流泪、哭泣、叹息,但更多的是:对家庭的责任,对社会的担当,对国家的奉献。

果实丰硕。春天可以欣赏百花的明媚,它带给我们视觉和嗅觉的美感。果实既有芬芳,又是水果和粮食。成熟就像饱满的麦子,就像大地母亲一样,哺育万物,贡献果实,人类因此才能够周而复始。

永远年轻

德裔美籍人塞缪尔·厄尔曼多年前曾写过一篇只有四百多字的

短文《青春》，初次发表时在美国并引起轰动。

美国的麦克阿瑟将军在指挥整个太平洋战争期间，墙上始终挂着装有短文《青春》复印件的镜框。

日本松下幸之助说："多年来，《青春》始终是我的座右铭。"

现在，成千上万的读者把它抄下来当作座右铭，许多人作为后半生的精神支柱。

摘录王佐良译文部分，让我们重读：

"青春不是年华，而是心态；青春不是粉面、红唇、柔膝，而是坚强的意志、恢宏的想象、炙热的恋情；青春是生命的深处的自在涌流。"

"青春气贯长虹，勇锐盖过怯懦，进取压倒苟安。如此锐气，二十后生而有之，六旬男子则更多见。年岁有加，并非垂老，理想丢弃，方堕暮年。"

对于我们，千万不要动不动就说自己老了，错误引导自己！要不惧年龄，不惧岁月，像郑州那位96岁夜晚烙菜馍的奶奶一样。

只要心中有梦，敢于追梦，勤于圆梦，我们就永远年轻！

端午节:祝您幸福安康

(朗诵:潇晴)

五月五,诗意浓,粽子香,又是一年端午节。

端午节是中国四大传统节日之一。端午节各地习俗不一,内容丰富多彩,主要有赛龙舟、祭龙、采草药、挂艾草、打午时水、洗草药水、拜神祭祖、浸龙舟水、食粽子、放纸龙、放纸鸢、拴五色丝线、佩香囊等。

端午节是一个纪念屈原的日子。每到农历五月初五,我们就想起那位站立在汨罗江畔,忠贞爱国、不屈不挠的屈原。他不忍看到国破民艰,悲愤投江。我们禁不住吟诵起他的楚辞:"长太息以掩涕兮,哀民生之多艰。""路漫漫其修远兮,吾将上下而求索。"屈原的灵魂、屈原的精神、屈原的楚辞,穿过2000多年的岁月,依然回荡在多少仁人志士的心中。

端午节是一个欢乐团圆的节日。家和万事兴。端午时节,远嫁及出门的儿女,都要买上各种礼品,喜气洋洋地回家看望父母。母亲早早就买好了新鲜的粽叶,买了上好的糯米和红枣,孩子几人围坐一起包粽子,而小时候小手常常团不住,红丝线常常缠不紧。大大的锅慢慢地煮,我们闻到粽米飘香,一看,自己做记号的粽子张开了嘴,白米都流出来了,但还是小心地蘸上白糖,开心地吃掉,口齿留香。

端午节是一个美食荟萃的享受。每到端午节,清早起来,妈妈会煮上好多个土鸡蛋,买上最新的大头蒜,有时还会做些其他美食,如蒸枣花馍、炸油馍头、糖糕、馓子,配上粽子,糯米柔软,甜甜蜜蜜。现在粽子的吃法越来越多,粽子里面什么都包,红豆、咸蛋黄、咸肉、香肠等,味道多样,爱不释口。

端午节是一个团结拼搏的象征。在南方沿江沿河的很多地方,端午节要舞狮子、赛龙舟。窄窄的长长的小船,十几条一字排开,一声号角响起,敲锣打鼓,小船如箭,劈波斩浪,你追我赶,热闹非凡。赛龙舟靠的是大家齐心协力。它代表了团结奋进、拼搏进取、朝气蓬勃的精神。

端午节是岁岁年年的祈福安康。端午节到来,天气炎热,蚊虫滋生,有时也会有一些传染病。父母经常在门上挂上几枝艾蒿,煮上一些大蒜,喝雄黄酒,用药水洗澡,有时做几个美丽的小香包,里面包了一些散发香味的中药,挂在身上,挂在床前,美观、清香,又有驱蚊辟邪的实用价值。

端午节也是一个民族美好的期盼。我们的生活"芝麻开花节节高",同时期盼我们的祖国繁荣昌盛、美丽富强,希望这个有5000多年历史的中华民族,凭着坚强不屈、勤劳勇敢、自立自强,永远屹立于世界的东方,闪耀出盛世荣光!

年年端午,年年相见;年年祈福,年年安康!

愿所有的朋友都在这个节日快乐!幸福!美满!

妈妈,让我给您唱支歌

(朗诵:紫桐)

妈妈,一个多么好听的称呼,一个在全世界都通用的词汇,这是我们牙牙学语说出的第一个字,也是我们无数次最开心重复的一个词。妈妈,您太累了,请坐下,让我唱支歌给您听。

妈妈,您是那明媚的太阳。小时候,有您在,每一个角落都闪闪发光;您不在,到处都是可怕的黑暗。面向您,阳光明媚;背向您,阴影重重。每当我哭泣,看到您,笑容是那么灿烂,我才感到温暖。

妈妈,您是那皎洁的月光。不管我处在黑夜之中,还是陷入低谷之时,您从不像别人那样训斥我、打击我,永远对我温柔呵护,目光永远那么深邃柔情,所有的委屈,都在您的眼睛里融化了。

妈妈,您是那伟岸的大山。梁启超说:妇人本弱,而为母则强。无论生活遇到了多少艰辛和苦难,您的肩膀都有最硬的茧,勇敢挑起生活的重担。风来了,雨来了,浪来了,只要为了儿女,您的背永远都压不弯。

妈妈,您是那宽广的大海。不论有多少苦辣酸甜,不论有多少碎语闲言,不论日子有多少屈辱,不论苦痛有多么难熬,您都默默承受,包容在心,不求回报,海纳百川,无私奉献。

妈妈,您是那最甜蜜的回忆。一想起您,就想起小时候您唱得好听的歌谣;一想起您,就想起家里最好吃的饭。您是一种最美好的味道,您是故乡的别名,让我走到哪里,都对家无限眷恋。

妈妈,您是最温暖的怀抱。当孩子在外面受到委屈,听到他人的埋怨,听到不开心的话语,回到家,扑到您的怀里,在您的臂弯里轻轻地啜泣,您的胸膛就是温暖的港湾。

妈妈,您是我的第一位老师。跟着您,我学会了为人做事,学会了礼仪善良,无数的人生第一课都是您在身教言传。高尔基说:"世界上的一切光荣和骄傲都来自母亲。"让妈妈过上好日子,是我奋斗的最大底气,是无悔坚持的力量源泉。

妈妈,您是最长情的陪伴。我从呱呱坠地,到走向社会,和您生活的时间最长。当您年纪大了,我希望能和您住在一起,陪伴您走过人生的黄昏夕阳,就像一幅山水画,洗去铅华雕饰,留下清新自然;我们在一起,就是人世间最美的风景线。

妈妈,您是家的代名词。世上只有妈妈好,有妈的孩子像个宝。妈妈在,家就在;妈妈走了,家也就散了。妈妈是最贵重的财富,让我们好好地捧在手心,千万不要把它打碎,碎了,哭都来不及,悔得肝肠寸断。

古语说:羊有跪乳之恩,鸦有反哺之义。没有妈妈,就没有我们。母亲依门望儿归,常回家看看,就是最好的孝顺,拉着妈妈的手,唠点家常,做点好饭,这样的人生最圆满。

妈妈,这伟大的称呼,这人世间最好听的名字。每一天,我们都在唱一首深情的歌,轻吟浅唱,悠扬婉转;我们都在默默地祈祷,祝您健康平安,这是我们最大的心愿!

父亲节的思念

（朗诵：紫桐）

父亲节到了。但有多少慈爱的父亲已经走远了，连背影都模糊了。

每到此日，又有多少人和我一样，禁不住想起我们的老父亲。

父亲是一片大海。平时不太说话，内心却深沉包容。不论生活多么艰难，胸有狂风暴雨，脸上波澜不惊。他是家这条船的舵手，扬起远行的帆，拼尽全力，驶向风平浪静的港湾。

父亲是一座高山。不论个子高矮，他都像山一样英俊挺拔，像山一样高大伟岸。风来了，雨来了，哪怕是泥石流，山峰依然耸立，稳如磐石。

父亲是一棵大树。孩子可以在树枝间玩耍，可以在树上荡秋千，看星空明月，听鸟叫蝉鸣。烈日当头，他为孩子遮阴纳凉；苦累难耐，孩子可以靠在他的躯干上歇息。

父亲是一盏明灯。天还未明，我们上学，他提灯相送；当我们陷入低谷时，在每个人生的岔路口，他温暖地照亮，指引我们前行的方向；在日落黄昏时，他燃尽自己，无怨无悔。

父亲是一本厚重的书。小的时候，也许我们觉得这本书有点乏味,当我们也当了父母,才知道这本书的内容丰富,酸甜苦辣俱全,当我们老了,更觉得这本书蕴意无穷。

父亲是一种留不住的岁月。当我们幼小时,父亲青春葱茏;当我们青年时,父亲依然健壮。有一天,我们突然会发现父亲鬓边有了白发,脸上有了皱纹,脊背有点弯了。当父亲有一天糊涂得不认识孩子是谁,我们泪流满面不愿承认,父亲老了。在他身上,写满了沧桑和岁月。

父亲是一种责任。他担负着世间最多的痛苦,背负着世间最大的压力,咽下最多的泪水,但从不逃避,用爱来坚守,用坚强来应对,托举孩子们的诗与远方。

父亲是一种牺牲。他也曾年少,他也有梦想,他也想飞上蓝天,他也想描绘画卷。但为了下一代,当他需要取舍时,他选择了放弃。苦闷时吸根烟,痛苦时喝点酒,忍住寂寞孤独,只为了大家庭的顺利平安。

父亲是一种希望。父亲额头上满是皱纹,他们经常在清晨站在太阳下远眺,憧憬未来美好的生活。他们希望自己的子女,能够多读书,吃得饱、穿得暖,过上幸福富足的日子。

父亲就是一种形象。所有的中国父亲,胸怀如海,高大伟岸,自己吃糠咽菜,不屈不挠,拼搏向上,这是中国男人的形象。他们都是遇山开路、遇海架桥的中国脊梁!

父亲是一种温暖的回忆。当鲜花簇拥在父亲身边,当父亲变成墓碑上沉默的人,当父亲变成墙上发黄的老照片,一切都无可挽回,父亲只保存在记忆里,在睡梦中与我们相会。我们反思纠结,痛苦悔恨,又有何用?

父爱是天,父爱是地;父爱无言,父爱永恒。

时光太瘦,指缝太宽。今后别再说我还有很多时间,别再说我还有更多的活没干,别再说等到以后再来孝敬父母,空头的承诺什么都不算。

你的钱再多,你的房再大,父母享用不上又有何意义?你的职务再高,你的官再大,别人的掌声再响,没有父亲欣赏的眼光,没有父亲慈祥的笑容,背影又是多么凄凉。

人生最无常,别等没有父亲的父亲节时,你才懂得什么是父爱,悔得肝肠寸断。

谁言寸草心,报得三春晖。从现在起多陪陪父母,多疼疼自己不爱表白、不会索取的父亲吧!

父亲在,天天都是父亲节,父亲不在,一千个一万个父亲节只有心伤。

尽孝要趁早,尽孝在平时。莫等人走后,徒流泪千行。

愿全天下所有的父亲、母亲健康长寿,万事如意!

愿全天下所有的孩子,天天都过父亲节、母亲节!

唱支赞歌给党听

（朗诵：胡守明/槐花飘香）

2021年的7月1日，
这是一个多么特别的日子，
中国共产党的百年华诞，举国欢唱。
虽然只是历史长河的瞬间，
中国却翻天覆地、沧桑巨变，
吸引了全世界惊羡的目光。

百年风雨，百年求索；
峥嵘岁月，历史难忘。

最难忘，
1840年鸦片战争的硝烟，
打碎了清政府的美梦黄粱。
1900年八国联军的大火，
屈辱的《辛丑条约》和赔款，
刀割了多少仁人志士的心房。

最难忘,
十月革命的炮响送来了马克思主义,
科学民主的精神在"五四运动"中酝酿。
1921年的7月下旬,
13位代表在上海、在嘉兴南湖的红船上,
宣布成立了中国共产党。

这是中国五千年历史上开天辟地的大事,
翻开了救国救民、反帝反封的史诗华章。

最难忘,
铁锤和镰刀图案的党旗猎猎飘扬,
从南昌起义到井冈山到二万五千里长征,
发动工农,农村包围城市,
中国独创的道路迎来新的曙光。

最难忘,
9·18事变、卢沟桥的炮火,
全民携手,
十四年浴血奋战,日本鬼子缴械投降。
重庆谈判,战火又起,
送儿女上战场,独轮小车过大江,
鲜血牺牲赢得了全国解放。

更难忘，
1949年的10月1日，天安门广场，
二十八响礼炮在开国大典上庄严鸣响，
毛泽东向全世界庄严宣告：
中华人民共和国中央人民政府成立了！
人民当家作主的新中国屹立在世界的东方。

忘不了，
抗美援朝、保家卫国，我上！
热火朝天的新中国发展，我上！
建工厂、修铁路、原子弹上天，
自力更生反封锁，大干快上建设忙。

忘不了，
1978年我们召开了又一次重要会议，
拨乱反正，解放思想，改革开放。
从安徽凤阳小岗村到各领域热火朝天的改革，
从经济特区试水到小渔村深圳的速度榜样。

忘不了，
金融危机、特大洪水、汶川地震、新冠疫情，
港澳回归、加入世贸、举办奥运、脱贫攻坚，
惊涛骇浪无所惧，初心如磐奔小康。

今天，中国已成为世界第二大经济体，
高速铁路、扫码支付、共享单车、网上购物，
量子通讯、5G网络、中国天眼、北斗导航，
嫦娥飞入遥远月宫，蛟龙潜入万米海底，
中国的今天代表着发展和富强。

站在建党百年的今天，信仰更加坚定，
没有共产党，就没有新中国，
中国特色社会主义的道路，越走越宽广，
十四亿中国人，挺起了伟岸的脊梁。

站在建党百年的今天，新起点新方向，
强国梦汇聚了华夏儿女磅礴的力量。
向现代化的2035、2050年高歌迈进，
我们走在中华民族复兴的康庄大路上。

百年历史，英雄辈出！血汗流淌！
百年历史，高歌奋斗！成就辉煌！
高举着五星红旗，跟着中国共产党远航，
中华民族的明天，一定更加辉煌！

老师,今生最美的遇见

(朗诵:潇晴)

总有些遇见,让我的心不再漂泊,灵魂纯净安然;总有些情感,经过烟火的洗礼,变得珍贵不凡;总有些回忆,拂去岁月的风尘,想起便是心暖。

古之学者必有师。爱其子,择师而教之。《周书·列传》说:经师易求,人师难得。老师,您像太阳一般温暖,像春风一般和煦,像清泉一般甘甜。

忘不了,幼儿园里的习惯培养,唱歌游玩;忘不了,小学校园的懂规矩明事理,认字计算;忘不了,中学的考试竞争,老师陪伴我们战胜困难;忘不了,大学校园的知识海洋,思想更加丰盈,理想更加高远。

忘不了,在学习工作期间,我们又拜认了多少老师,有技术有人生,有理论有实践,我们成了同一战壕的战友,瞄准未知领域,探讨时下热点,研究社会万象,提出破解意见,平等坦诚,并肩作战,改造社会自然,攻克世界前沿。

站在岁月的路口,倾心回眸,每一次与您对望,都有一种甜蜜涌上心间。

老师,您就像一位慈爱的长辈。您的爱,比父爱更严厉,比母爱更细腻,比友爱更纯洁。对待每一个学生,"无贵无贱,无长无少,道之所存,师之所存也"。您用一颗博大宽广的心胸,为每一个孩子,平等创造发展空间。

老师,您就像一位辛勤的园丁。您是美的耕耘者、美的播种者。您用语言播种,用彩笔耕耘,用汗水浇灌,用心血滋润,从无怨言,迎来了春色满园和硕果累累的秋天。

老师,您就像一盏指路的明灯。在我们漫漫人生路上,面临歧路,迷茫彷徨,您站在那里,答疑解惑,点亮自己,指引我们绕过暗礁险滩。

老师,您就像一艘巨大的航船。您是船长,从此岸接上了稚嫩的我们,教我们学习划桨,学习扬帆,在知识的海洋里畅游,一路陪伴,划向了光明的彼岸。

老师,您就像一支燃烧的红烛。三尺讲台写春秋,教书育人从不倦;春蚕到死丝方尽,蜡炬成灰泪始干。您燃烧了自己,志在奉献。

老师,您就像一棵参天大树。头顶一个天,脚踏一方土,风雨中您昂起头,冰雪压不服……风是你的歌,云是你脚步,无论白天和黑夜,都为人类造福……您的胸怀在蓝天,深情藏沃土。

老师,您是世界上最美的人。您是人类灵魂的工程师,知识为您化妆,学问为您扮靓。"令公桃李满天下,何用堂前更种花。"岁月无法靠近您,您永远年轻,不用美颜!

老师,您是我们心灵最亲的人。"三人行,必有我师焉。""采得百花成蜜后,为谁辛苦为谁甜?"知心的话向您倾诉,日记本向您敞开,抚慰我的心灵,一路陪伴我们向前。

老师,您是我最感恩的人。"师者,所以传道受业解惑也。""师也者,教之以事而喻诸德者也。"我们思想人格的启蒙成长,离不开您的教诲。春风化雨,潜移默化,"长大后我就成了您",在我的身上有您的德行、知识、为人,有您的精神和奉献。

"国将兴,必贵师而重傅。"师恩永难忘,千古一脉传。一声老师,多么亲切,多么自然,多么谦卑,多么崇敬!老师是社会的良知和榜样,也是我们全社会的启蒙福田。

对老师的爱,是难舍难分的情愫,是每一次心动的期盼:一束鲜花,一个笑脸,一片掌声,一张卡片,一曲赞歌,一句祝愿……

老师,我们永远爱您!

老师,您是我今生最美的遇见!

中国，我为你骄傲

（朗诵：于同云）

在遥远的世界东方，
一条巨龙在天空中腾飞闪耀，
你的名字叫中国，
文明之河澎湃着万里波涛！

你从五千年前的仓颉造字走来，
你从金戈铁马的大秦帝国走来，
你从百国使节仰慕的汉唐盛世走来，
明清的落日也曾辉煌照耀！

你有蜿蜒曲折的万里长城，
你有古雅《诗经》和浪漫的《离骚》，
你有老子、孔子、庄子，大师如云，
你有造纸术、指南针、印刷术及火药！

你强盛发达、勇敢勤劳，

你坚韧顽强、不畏强暴，
你驱散鸦片战争的滚滚硝烟，
你赶走掠烧圆明园的外敌强盗！

你的儿女救国图存、上下求索，
前赴后继敢把热血性命抛，
用身躯阻挡日寇的铁蹄大刀，
染红了猎猎红旗迎来新中国的缔造！

你用 70 多年的脚步不停地追赶奔跑，
你用奋进的努力将一个个奇迹创造，
你带领中国走向繁荣富强，
你的答卷让全世界都惊愕探讨！

今天，
我们乘着飞驰的高铁游历大江南北，
我们用微信支付宝付款购买商品珍宝，
我们骑着共享单车穿行在大街小巷，
宇航员在神舟号上为奥运健儿叫好！

今天，
孔子学院开遍世界各地，
唐人街上狮子飞舞、美食丰饶，
"中国制造"卖向全球，

中国商品在超市里最热销！

今天，

我们站在长江黄河的岸边歌唱，

我们站在珠穆朗玛峰看祖国江山多娇，

我们在九天上飞、在万米深海里游，

祖国江山如画，神州分外妖娆！

今天，

我们说一声好听的汉语，

我们写下好看的方块汉字，

我们在太空上一次次环游，

全世界的游客在兵马俑、三星堆拍照！

我们走在香港、澳门的土地上，

我们在龙门卢舍那大佛前祈祷，

全世界都听到了我们的声音，

全世界都看到了我们灿烂的微笑！

祖国，

你是九百六十万平方公里的美丽，

你是十四亿中华儿女热烈的心跳，

此生无悔在华夏，

我为黄皮肤黑眼睛自豪！

祖国，我亲爱的母亲，
你是我的生命、我的所有，
我的奋斗、我的幸福、我的自豪，
我为你放声歌唱、真诚祝福，
我为你拼命鼓掌、开心骄傲！

做一个龙的传人，真好！
拥有一个中国护照，自豪！
祖国万岁！祖国您好！
您的名字将如日月星辰永远闪耀！

祝福，月圆中秋

（朗诵：冯勇）

中秋节是中国四大传统节日之一，其他三个是春节、清明节、端午节。这一天，人们除了吃月饼以示"团圆"外，对着天上又亮又圆的一轮皓月，还要观赏祭拜，寄托情怀，思念亲人，歌舞觅偶，还有赏花灯、螃蟹宴、舞火龙、拜土地神等习俗。

跨越五千多年的历史，同一个节日，既有浓浓的岁月痕迹，又被时代赋予了新的含义。年年岁岁节相似，而今明月又不同。现在的中秋节，体现了家国的飞跃变化，展现了生活的美好。

这是团圆的中秋节。"团圆"合乎老子"道法自然"的思想，是"天人合一"价值理念的体现。花好月圆夜，骨肉团圆时。过去，"路也难通，信也难通"，相见时难。"独在异乡为异客，每逢佳节倍思亲"。"细数十年事，十处过中秋"。而今随着飞机、高铁、汽车的普及，一日飞跃南北，天堑变通途。中秋相聚，阖家团圆，岂不人人乐哉快哉。

这是丰收的中秋节。从时令上看，中秋节又叫"秋收节"。进入9月，万物葱茏，瓜果飘香，丰收在望，硕果累累。过去，人们在这一天主要吃各色各样的月饼，现在的节日餐桌美食丰富，诗酒花茶，天南海北，应有尽有。

这是思念的中秋节。每到中秋,常常眺望着圆圆的月亮,眺望着遥远的家乡,把家乡亲人遥想。过去相隔千里万里,鸿雁传书,现在只要拿起手机,打开视频,立刻相见,共话缠绵,虽远在天涯,又近在眼前。辛弃疾的"况屈指中秋,十分好月,不照人圆"现在变为"说也从容,见也从容"。

这是诗意的中秋节。中秋是一卷清新秀美的写意,是一笺纯洁无瑕的诗篇。人们会诵读苏轼的"但愿人长久,千里共婵娟",还有李商隐的"嫦娥应悔偷灵药,碧海青天夜夜心"、辛弃疾的"忆对中秋丹桂丛。花在杯中。月在杯中"、徐有贞的"阴晴圆缺都休说,且喜人间好时节"、郭应祥的"惟有今宵,皓彩皆同普"。老幼皆会"举头望明月,低头思故乡"。无数的诗词,将中秋渲染得唯美、诗意、浪漫。

这是和谐的中秋节。和者,禾旁加口,人人有饭吃也;谐者,言旁加皆,大家敢讲话也。现在我们的祖国"政通人和",社会"和谐有序",干事业"和衷共济",邻里之间"和睦相处",做生意"和气生财",待人"和蔼可亲",处世"和光同尘",夫妻之间"和和美美"。

这是感恩的中秋节。敬老孝亲,感恩父母。《礼记》有言:"仲秋之月……养衰老,授几杖,行糜粥饮食。"仲秋时节举行养老仪式,对老人赠予几案手杖,赐以糜粥饮食,体现了对老年人的尊重。现在人人开心快乐,老人健康长寿,人到八十寻常见。感恩我们生活在这伟大繁荣的国度。

这是畅想的中秋节。每到中秋,月亮最圆,童话登场:嫦娥奔月,玉兔捣药,吴刚捧出桂花酒……原来那只是梦幻,有谁想到,随着科技的迅猛发展,人类登月成功,科技把一切不可能变成了可能,千古的神话变成了现实。未来,又有多少人可以到月球漫步?

这是祈福的中秋节。历史上多少兵荒马乱、饥馑连年,白居易写道:"共看明月应垂泪,一夜乡心五处同。"现在没有战争的硝烟,祖国发展到前所未有的富足,物阜民丰,盛世空前。"海上生明月,天涯共此时。"中秋之日,祝愿我们的国家越来越富强,人民生活芝麻开花节节高;祈愿山青水绿环境好,风调雨顺五谷丰;祝愿人们健康平安!

　　天上月圆,地上人圆,花好月圆人团圆,愿明天美好无限!

春节：十个祝福，十全十美

（朗诵：金竹）

一年一度的春节到了。在这开心喜乐的日子里，送给大家十个祝福：

一祝有个好身体。身体是万事的本钱，只有身体才是你自己的，身体好是幸福的保障。要爱惜自己的身体，改掉熬夜的毛病，不要透支健康。要加强锻炼，找到自己喜欢的锻炼方式，持之以恒。要学会适时保养，加一点润滑剂，让身体这部机器运转得顺畅些、长久些，处在好的舒服的状态。

二祝有个好工作。工作是你的立身之本。你的工作能带来一定收入，即便是退休了也能为你遮风挡雨。对待工作，不要过于苛求，不要被专业对口迷惑，要学会调整适应。要先找一个生存的"饭碗"，真情投入，在工作中找到乐趣。兴趣爱好是专注投入的源泉，也是你实现梦想最大的平台。

三祝有个好爱人。人生坎坷，能找到一个与你志同道合、心意相通、不离不弃的人，太幸运了，也太难了。一旦相逢，一定要好好珍惜，不要错过。彼此欣赏，彼此包容，面对生活的困难与外界诱惑，共同努力，携手共度，走完一生，这也是人生最大的福分。

四祝有个好家庭。中国比较强调家国观念。成龙在他的《国家》一歌中唱道:"家是最小国,国是千万家。"这里的家是指整个大家族。如果你的父母身体健康,你的兄弟姐妹都很幸福美满,你的幸福才最有味道和满足。经过世事变化,你会发现世界没有你照样转,但要是你的家人没有你,感觉天塌了一样。家人是你最亲的人,也是你生命中最重要的人,一定要经营好大家庭。

五祝有个好儿女。十年树木,百年树人。孩子承载了你的希望,孩子是你奋斗的动力和源泉。孩子的成功凝聚了父母多少心血和汗水,孩子的未来代表了家庭的发展方向。到了老年,含饴弄孙,快乐无边。所以一定要培养有理想、肯努力,不让你过度操心、能够自立的儿女。

六祝有一对好父母。人生最大的遗憾是"子欲养而亲不待"。希望父母一定身体康健!有时间多回家看看,为父母捶捶背、揉揉肩,洗洗碗,聊聊天。你的到来,就是父母最开心的时刻。如果父母生病了,一定要尽心照顾,报答养育之恩。

七祝有个好朋友。红尘万丈,懂你几人。生而孤独,需要朋友。朋友是大雪中的棉衣,朋友是迷茫中的灯塔,朋友是寒冬中的暖炉,朋友是荒漠中的绿洲,朋友是关键时期的靠山。漫漫人生,多交几个好朋友,你的人生才会更加丰富、充实、幸福、圆满。对于好友,多聚会,多聊天,开心、温暖。

八祝有个好财运。我们春节很喜欢的对联是"生意兴隆通四海,财源滚滚达三江"。我们也要多拜拜"财神爷",让他多多关照我们,经济宽裕,生活富足,是小康社会的基本体现。兜里有钱了,抗风险的能力就强了,也会让我们的幸福更加从容淡定。

九祝有个好心情。幸福要有个好心态。知足常乐。面对困境不气馁,时时能从生活点滴中找到快乐。凡事看开点,对不喜欢的事,做个"盲人";对讨厌的事,扭过头去。不想听的话不听,不想看的事不看,不想说的话不说。每天和开心快乐在一起。心态好是长寿的最主要原因,开心快乐才是王道。

十祝有个好雅趣。工作之余,培养一些独特的爱好兴趣,让你的生活多滋多味。读读书,哼哼歌,看看花,跳跳舞……好的情趣,滋养一生,犹如一坛老酒,绵长醇厚;犹如一杯清茶,清香无比。

十个祝福,实心实意;十全十美,大吉大利!

圆 梦 记

（河南大学出版社）

一

20世纪60年代初,我出生在一个工人家庭,有一个姐姐、两个弟弟。因排行老二,我总感觉受到父母的关注和宠溺少一些,喜欢躲在角落里,性格内向、不爱说话,有点自卑,学习一直处于中下游。

我姐姐很喜欢读书。那时候,社会上思想封闭,姐姐会想办法找到一些小说,偷偷拿回家,躲在屋里,晚上将窗户蒙上布或纸,点上煤油灯,偷偷读到半夜。

懵懂之间,我也忍不住拿起这些书,囫囵吞枣地读,心就像有一扇窗户,慢慢地打开了。文学梦像一粒种子,种到了心里,慢慢地发芽了。

后来,工厂发生派系武斗,父亲将我送回山西老家,一个遍布窑洞的小山村,到一个混合着一至四年级小学生的班里学习,只有一名男老师。在这样艰苦的环境下,老师十分关注我,常常表扬我,让我替他给一年级、二年级的同学上课,成了一位"娃娃老师"。老师还让我教大家学唱《我爱北京天安门》,用不太标准的东北普通话朗读课文。

我重新找到了自我。从山西老家回来,我的学习突飞猛进,成绩优异,优秀作文常常在班级被老师作为范文。对文学的热爱,根植于内心,也让中文系成为我高考时的首选专业。

二

进入河南大学中文系,四年的学习中,我读了几百本书,在文学的世界里遨游,心中的文学梦枝繁叶茂,期待有机会写出一篇篇文章。

大学毕业后,我先是当了几年老师,后来考入到机关,在《人才资源开发》编辑部一干就是十年。这期间,主要写一些新闻报道、通讯、工作理论研究等文章。后来,我又轮岗到行政管理岗位。转眼之间,三十多年过去了。繁忙的工作并未使我的文学梦枯萎,反而为它积蓄了力量、巩固了根基。

随着生活阅历的丰富、工作经验的积累,我对人生、理想、职场、交往、爱情、家庭等都有了一些思考和见解。

这两年,我利用业余时间,将自己的感悟形之于笔端,零零碎碎写了一百多篇散文。虽然思想比较朴素,见解也不深刻,但发自于内心,充满了鲜活的滋味。一直以来深植于心底的文学梦终于开花结果。

三

在我学习写作的过程中,特别要感谢一些老师和好朋友。

张国臣老师是我特别敬仰的一位老师。几十年来,他在工作之余,笔耕不辍,以研究嵩山少林文化著名,并且获得了许多全国性的大奖。在他榜样般地引导下,我也开始见缝插针地写作。

我的两个好闺蜜,萍子是河南省著名诗人,是专业作家;凤娟在教学之外,大量写诗发表,颇受好评。作为几十年灵魂知己、生活闺蜜,我们无话不谈。她们对我的影响潜移默化,让我更乐于拿起笔尝试写作。

在写作的过程中,《河南思客》的主编杨海燕、《紫雨轩书院》的主编王卫姐姐都给了我极大的鼓励,他们认真阅读我的文章,修改后在公众号上予以发表。

《中国劳动保障报社》的副总编李艳秋老师从文章结构、内容取材、语言特点等方面指导了我,她的严格要求使我的写作风格慢慢成熟。

《花开心灵驿站》的主编春暖花开老师从接触我的文字开始,就一篇篇地认真提出修改意见,尤其是选题的把握,有些文章前后改了多次。她不厌其烦地耐心指导、诚恳建议、鼓励支持,经她把关后,我发表的一些文章被多家自媒体转载,使我增强了写作的信心,文字表达水平也不断提高。特别感谢那些为我文章朗诵的朋友,有些是认识的,如紫桐、潇晴、肖月、潇洒、冯勇、泉逸、高霞、子木等,还有一些从不认识,如燕子、竹林听雨、品味、金竹等。

正是他们用声音诠释了内容,深深地感染了我们的心灵。

我的同学玉琴、魏娟、玉先、海修等,同事志强、广云、高琳等,好友书文、仙芝等兄弟姐妹,对我关爱有加,当我的文章发表后,他们都第一时间阅读、点赞、转发,使我不断增加自信和坚持的勇气。

四

河南大学是我的母校,河南大学出版社的国安、锡平同学不断鼓励我,郑鑫、建立老师修改我的文章,使这本书能够付印。

在校对过程中,我特别感激我的闺蜜庄凤娟和她的女儿悠悠。她们认真地核对每一篇文章、每一段引文、每一句话、每一个标点,在半个月时间里,全身心地投入校对,经常互相讨论,这种严谨、扎实、认真的作风让我深受感动,也发现了自己的不足。另外,也感谢同事爱学、亚辉也参与了校对。

正是这些好朋友,用他们的爱时时温暖我,这很难用语言来表达,更多的是深情在心、铭记不忘。仅在此用简单的语言一并表达我对他们的感激、感谢。

我深知自己的水平能力有限,也知道文章当中还有很多不足,不严谨之处,请提出宝贵意见。今后我会不断努力,再接再厉,写出更多文章,记录生活,追随时代,一路前行,回报社会,回报大家。

郝银

2022 年 4 月 25 日